CULTURA MASÓNICA

Revista temática de francmasonería

CULTURA MASÓNICA es una revista trimestral de carácter temático en formato libro. En cada número se aborda en profundidad un aspecto de la masonería de la mano de auténticos especialistas en la materia. Su rigurosidad a lo largo de años de trabajo metódico y puntual la han convertido en una de las mejores publicaciones de masonería del mundo.

CULTURA MASÓNICA
Revista temática de masonería

N.º 58 | Julio 2024

Al servicio de la
FRANCMASONERÍA UNIVERSAL

© Editorial MASONICA®
www.masonica.es

ENTREACACIAS, S.L.
[Sociedad editora]
  c/Covadonga, 8
  33002 Oviedo-Asturias (España)

        info@masonica.es
        pedidos@masonica.es
        admin@masonica.es
        redes@masonica.es

ISSN: 2171-1968
ISBN (edición impresa): 978-84-19985-62-0
ISBN (edición digital): 978-84-19985-63-7
Depósito Legal: AS 00238-2021

Ilustración de cubierta:
Retrato de René Guénon
(autor desconocido)

Impreso por Podiprint
Impreso en España

DIRECTOR
David Suárez Dorta

EDITOR
Ignacio Méndez-Trelles Díaz

DISEÑO EDITORIAL
Oliver Méndez-Trelles Pattist

REDES/COMUNICACIÓN
Marta Tejedor

ENSAYISTAS
Alfonso Marcuello
David Suárez Dorta
Jacobo Núñez Martínez
Javier Alvarado Planas
Jean-Marc Vivenza
Ramón Martí Blanco

SUMARIO
Año XVI / N.º 58 / JULIO 2024

El río de la vida
Hugo Simberg, 1896

TRADICIONALISMO INTEGRAL

Continuamos en este número conociendo la vida de Guénon. En esta ocasión, profundizaremos en otros aspectos de su trabajo.

Como ya indicamos, su obra ha tenido una gran repercusión no solo dentro del ámbito de la espiritualidad, sino influenciando otras esferas del conocimiento. En ese sentido, a pesar de lo profundo de su escritura, esta es de fácil acceso, pero siempre es de agradecer contar con una guía con la que poder transitar por sus escritos de la mejor manera.

En relación a esto, su exposición no estuvo alejada de polémica, pues era directo y claro en sus argumentos, y no se andaba con ambages a la hora de denunciar lo que él consideraba fraudes en el ámbito de la espiritualidad. Añadamos su oposición a la Modernidad y todo lo que esta produjo, en especial los movimientos ocultos e iniciáticos modernos, algunos de los cuales conoció de primera mano.

Por supuesto, muchas de sus tesis tuvieron rebate, y, en honor a la verdad, varios de esos argumentos no siempre contaron con el beneplácito de los que precisamente representaban esas tendencias que él criticó. Lo cual hizo que señalaran unos cuantos errores de su trabajo, presentes tanto en sus propias opiniones, como en los planteamientos y la manera en que llegó a tales conclusiones.

Además, veremos su visión del concepto de metafísica, que vino a

señalar los fallos en los que se incu-
rría por un uso muchas veces inde-
bido de tal término. También sobre
su vínculo con la masonería, algo
clave en el devenir de su trabajo.

Sea como fuere, la impronta que
este escritor dejó en el mundo de la
espiritualidad occidental fue notable, pues pasadas muchas décadas
tras su fallecimiento, sus obras
continúan demandándose.

Por todo ello, vamos a dar cierre
a estos números dedicados a tan
singular personaje, aunque seguro
que en otras ocasiones volveremos
a recurrir a él, pues es claramente
un referente. ⚜

DAVID SUÁREZ DORTA

RENÉ GUÉNON

(24 volúmenes)

Dirección:
Javier Alvarado Planas

Javier Alvarado Planas es catedrático de Historia del Derecho y de las Instituciones en la Universidad Nacional de Educación a Distancia, doctor en Derecho y doctor en Ciencias de la Documentación; Académico correspondiente de la Real Academia de la Historia y también de la Real Academia de Jurisprudencia y Legislación de España. Es director de diversas colecciones en editoriales (Dykinson y Sanz y Torres) y forma parte del consejo editorial o de honor de varias revistas científicas. Ha recibido diversos reconocimientos, como el Premio Nacional de Historia (compartido) otorgado por el Ministerio de Cultura en 2009. Es autor de más de un centenar de libros, monografías y artículos en revistas científicas especializadas dentro y fuera de España (Alemania, Italia, Inglaterra, Bélgica, Portugal, Rusia, México, Puerto Rico, etc.). Es el creador y director del Museo Virtual de Historia de la Masonería de la UNED. Entre sus libros cabe citar: *Heráldica, simbolismo y usos tradicionales de las corporaciones de Oficio; las marcas de canteros*, Ediciones Hidalguía, Madrid, 2009; *Masones en la nobleza de España*, editorial La esfera de los libros, Madrid, 2016; *Monarcas masones y otros príncipes de la Acacia*, editorial Dykinson, Madrid, 2017, 2 volúmenes; *Templarios y masones: las claves de un enigma*, editorial Sanz y Torres, Madrid, 2019; *Apercepciones sobre la iniciación masónica*, editorial Sanz y Torres, coedición con MASONICA, Madrid, 2019; *El Ceremonial de armar caballero y otros estudios*, editorial Sanz y Torres, Madrid, 2021; *René Guénon, testigo de la Tradición. Introducción a las Obras Completas*, editorial Sanz y Torres, Madrid, 2023, 204 pp.

RENÉ GUÉNON Y LA MASONERÍA

Javier Alvarado Planas

Aunque no lo ocultaba, Guénon fue siempre muy reservado a la hora de hablar sobre su relación con escuelas iniciáticas tradicionales. Apenas se han divulgado datos sobre los maestros orientales que le iniciaron en el vedanta advaita, doctrina que siempre consideró como la más cercana a la *Tradición Primordial* (llevó durante toda su vida un «anillo» grabado con el monosílabo AUM, regalado por su *gurú*). Sabemos que en torno al año 1906 se vinculó al vedanta advaita en una de las formulaciones más puras de la escuela de Adi Shankara (788-820). También se vinculó al taoísmo al ser iniciado por mediación de Albert Pouyou (de nombre taoísta, *Matgïoi*), conde de Pouvourville (el cual se había vinculado a Tongsang Nguyen te Duc-Luat, uno de los cinco Tiensi o maestros de la China Meridional, durante su estancia en Tonkin como agregado militar), y por el hijo menor del citado Tongsang Nguyen, que residía en París. Eso explica el despliegue de conocimientos sobre el esoterismo extremo-oriental y sus cofradías iniciáticas mostrado en su libro *La Gran Triada*.

Algunos datos más tenemos sobre su iniciación sufí al recibir en 1912 la *barakah* de Abderramán Elish El Kebir (*Sheij* de una rama de la *Tariqa Shadhiliya*) por medio de Abdul-Hadi (John Gustaf Agueli), que su delegados o *moqaden* en Francia Precisamente a este *Sheij* dedicó Guénon una de sus obras en 1931 (*El simbolismo de la Cruz*) porque a él «se debe la primera idea de este libro». Esta entrada en el *Tasawuf* (esoterismo islámico) le llevaría a viajar a El Cairo en 1930 y a permanecer allí.

René Guénon en su casa de El Cairo

RENÉ GUÉNON Y LA MASONERÍA

A quien se aproxime por vez primera a la obra de René Guénon tal vez pueda sorprenderle el lugar tan destacado que ocupan los estudios sobre la masonería. Acompañada de una aureola de secretismo con ribetes políticos, el lector poco avezado podría preguntarse qué tiene que ver tal organización con el esoterismo. Y ahí está precisamente el error o el malentendido. Guénon no se refería a esa Masonería moderna o especulativa fundada en Londres en 1717 sino a la Masonería operativa que hunde sus raíces en las cofradías medievales de constructores y que había heredado y transmitido un método de realización espiritual que utilizaba el trabajo artesanal como soporte para la contemplación.

De igual manera que sus escritos sobre sufismo, taoísmo o hinduismo llevan la marca del «iniciado», también en este caso sus trabajos llevan la legitimidad que le otorgaba su maestría masónica. En efecto, René Guénon se vinculó a la masonería muy tempranamente; tras su iniciación en 1907 y su ingreso en la logia simbólica *Humanidad* nº 240 del Rito Nacional Español (que al poco se convirtió en Logia Madre del Rito de Memphis Misraim), en 1909 ingresó en la logia *Thebah* que trabajaba según el rito escocés antiguo y aceptado, bajo obediencia de la *Gran Logia de Francia*, en la que leyó diversos trabajos (planchas). También formó parte del Capítulo «INRI» del Rito Primitivo y Original Swedenborgiano. A lo largo de su vida, no dejó de publicar trabajos sobre diferentes aspectos del simbolismo y de la iniciación masónica o de patrocinar la creación de logias masónicas de inspiración tradicional como es el caso de *La Gran Triada*, que levantó sus columnas en 1947 y uno de cuyos primeros trabajos fue el de la restauración de los antiguos rituales escoceses una vez depurados de añadidos y demás innovaciones injustificadas que durante décadas habían introducido los «modernistas».

Respecto a la profundidad y amplitud de los conocimientos que Guénon tenía sobre la antigua Masonería, conviene mencionar un dato revelador; en la Revista masónica francesa *Travaux de la Loge National de Recherches Villard de Honnecourt*, Franz Vreede, amigo masón de Guénon durante treinta años, mencionaba en un artículo que el propio Guénon le hizo saber «que él era miembro de una Maestría, es decir, de un grupo de maestros en todos los grados cuya Tradición oral se remontaba a la época artesanal de la Masonería francesa. Como consecuencia de las dificultades que degeneraron en decadencia, un grupo de maestros masones optó por mantener la Tradición antigua completamente pura y, para impedir en el futuro cualquier desviación, divulgación o traición, decidieron el anonimato de los miembros y que, en adelante, ya no hubiera más estatutos ni documentos escritos, tampoco candidaturas, sino aceptación de nuevos miembros por cooptación secreta... Comprendí entonces de qué fuente auténtica Guénon obtenía los extensos conocimientos del ritual y de los símbolos de la Tradición antigua de constructores de catedrales y de su ciencia geométrica...» (nº 9, 1973, p. 46).

En última instancia, el interés de Guénon sobre la masonería radicaba en su potencial iniciático: «De todas las organizaciones con pretensiones iniciáticas que están actualmente extendidas en el mundo occidental, no hay más que dos que, por decaídas que estén una y otra a consecuencia de la ignorancia y de la incomprehensión de la inmensa mayoría de sus miembros, pueden reivindicar un origen tradicional auténtico y una transmisión iniciática real; estas dos organizaciones, que, a decir verdad, no fueron primitivamente más que una sola, aunque con ramas múltiples, son el Compañerazgo y la Masonería» (*Apercepciones sobre la Iniciación*, cap. XIV). Afirmación que era compartida por otros eminentes sabios de la época como Mircea Eliade, para quien «El único movimiento secreto que exhibe una cierta consistencia ideológica, que ya cuenta con una historia y que disfruta de prestigio social y político es la francmasonería. El resto de las supuestas organizaciones son, en su mayor parte, recientes e improvisaciones híbridas y su interés es primordialmente sociológico y psicológico; ilustran la desorientación de una parte del mundo moderno, el deseo de hallar un sustituto de la fe religiosa; también ilustran la indómita inclinación hacia los misterios, lo oculto, el más allá..., una inclinación que es parte integral del ser humano y que puede hallarse en todas las épocas y en todos los niveles culturales» (*Iniciaciones Místicas*, epílogo).

Considerada como la única organización auténticamente iniciática nacida en Occidente que aún permanecía activa, aparentemente, estas afirmaciones no se compadecen con la historia de la masonería moderna, plagada de enfrentamientos que han dubitado su finalidad fraternal, o con el origen de algunos de sus rituales en tanto creaciones más o menos artificiosas fruto de la vanidad personal y de las rivalidades entre logias. Por ello, persuadido de que la desviación de la Masonería operativa respecto a su sentido originario procedía de las derivas y actividades políticas de gran número de masones, Guénon se esforzó durante toda su vida en devolver a la Masonería su verdadera función como Orden iniciática; «La Masonería ha padecido una degeneración; el comienzo de esa degeneración es la transformación de la Masonería operativa en Masonería especulativa». Y más explícitamente concretó que «la fecha de 1717 no señala el origen de la Masonería, sino el comienzo de su degeneración, cosa que es muy diferente» de modo que, pese a que la masonería operativa, entre 1717 (fecha de la fundación de la Gran logia de los «modernos» en Londres) y 1813 (fecha de la unificación de masones «antiguos» y «modernos»), «intervino eficazmente para completar algunas cosas y enderezar otras, por lo menos en la medida en que ello era todavía posible en una masonería reducida a ser únicamente especulativa», lo cierto es que «la masonería moderna ya solo es especulativa, es decir, está privada de las realizaciones que permitía la antigua masonería operativa» (Carta del 20 de julio de 1949 a J. Evola).

En varias ocasiones advirtió Guénon que la Masonería no debía ser una sociedad de socorros mutuos, una entidad benéfica o filantrópica y menos aún, un club liberal. Como Orden iniciática había de vivificar el sentido mistérico transmitido regularmente. Una prueba y ejemplo de la minusvaloración con la que la masonería moderna o especulativa actuó en detrimento de sus aspectos más operativos fue y es su preocupación por cuestiones exotéricas más propias de la religión, como la educación y la formación moral de sus miembros. Así, las Logias se las ingeniaron para dar 'luces' a sus miembros, en lugar de ayudarlos a buscar la 'Luz'»; en otras palabras, «los masones consagraron la mayor parte de su tiempo y sus mejores esfuerzos a la tarea educativa de la Masonería, descuidando y aún ignorando el trabajo iniciático» (reseña en *Études Traditionnelles*, abril-mayo de 1947). En el siglo XVIII, la «marca» de esta degeneración fue la aparición de una corriente moralizadora que acabó limitando y aminorando el simbolismo masónico; entonces, los cuadernos rituales dieron entrada a todo tipo de explicaciones sentimentales e incluso se añadieron plúmbeos discursos éticos para ser leídos al recipiendario que accedía a un nuevo grado. Como señaló René Guénon, «las interpretaciones puramente *moralizantes* adquirieron una especie de autoridad por el hecho de haber sido incorporadas en los rituales impresos» desplazando, cuando no obstaculizando, las explicaciones de orden más espiritual y llegando a ser la tendencia mayoritaria de los masones actuales. Pero lo cierto es que, si el simbolismo masónico no representara más que ideas morales, «la Masonería no contendría nada que no fuera bien conocido por todo no-masón», de modo que «la simple asociación de esas ideas con los útiles de la construcción no sería más que un juego de niños».

Conviene precisar que el método de trabajo masónico por excelencia, lo que contribuía más cabalmente al aprendizaje, incluso la misma práctica de la fraternidad masónica, se efectuaba en un espacio sagrado o trascendente sometido a un ritual (la Logia) que tenía la finalidad de presentar a sus miembros un itinerario formado por símbolos, gestos, movimientos o alocuciones que los llevarían a la comprehesión de ciertas realidades. A estos efectos, *la masonería ha atribuido a su liturgia una eficacia catársica decisiva*. Pero si bien es cierto que la Logia no es solo la mera reunión de individuos considerados en su modalidad física, sino que comprende también la entidad psíquica colectiva, también es cierto que lo colectivo no puede rebasar jamás su propio dominio individual, dado que no es más que una resultante de las individualidades que lo componen. En todo caso, es importante comprender *que ello nada tiene que ver con la influencia de orden espiritual, dado que ésta, por su propia naturaleza supraindividual y, por tanto, supracolectiva, está más allá de las formas, del tiempo, del espacio, y de las individualidades*, las cuales quedan rebasadas y transcendidas. Por eso el trabajo masónico de burilado de la piedra bruta no solo debía realizarse en las *Tenidas*, sino también de manera personal por cada masón. A estos efectos, la enseñanza iniciática, exterior y transmisible en formas, no debía ser más que una preparación del masón para adquirir el verdadero conocimiento iniciático por el efecto de su trabajo personal. Se le podía indicar la vía a seguir, el plan a realizar, la actitud mental necesaria para llegar a una comprehensión efectiva y no solo teórica; pero nadie más, aunque fuera un maestro masón en la acepción más completa de la palabra, podía hacer este trabajo por otro masón.

En suma, el estudio del simbolismo y rituales masónicos evidencia que los masones de los siglos XVII y XVIII estaban persuadidos de que la logia era un espacio sagrado apto para la comprensión de realidades trascendentes, es decir, un lugar regido por *influencias espirituales* que podían contribuir a la *iluminación* de quienes estuvieran *orientados* adecuadamente. Al menos eso es lo que indican las tres planchas o cuadros de logia de cada uno de los tres grados (aprendiz, compañero y maestro).

Plancha del grado de compañero según el rito escocés antiguo y aceptado que representa el paso del rio Jordán (abajo) y el ascenso por la escalera en espiral del Templo de Salomón (arriba)

Los respectivos cuadros o trazados de logia de los grados de aprendiz, compañero y maestro muestran el itinerario que debe recorrer el masón. Cada uno de ellos describe una de las tres partes o estancias del Templo de Salomón; primeramente, el pórtico; luego, el interior del templo con la escalera en espiral; finalmente, el *Sancta Sactorum* que se encontraba en la cámara superior. Consecuentemente, el aprendiz masón subía las escaleras exteriores del templo y se situaba entre las columnas Boaz y Jakin, luego burilaba la piedra bruta y entraba en el interior hasta que, pasado al grado de compañero, «subía por una escalera de caracol» (*1 Reyes* 6.8), obtenía el grado de maestro masón, accedía al *Sancta Sanctorum*, que permanecía protegido de la indiscreción de los profanos por una espesa nube, «porque la gloria de Yahveh había llenado la casa de Yahveh» (*1 Reyes* 8.11) y finalmente experimentaba una «muerte iniciática» para ser renovado íntegramente por la *Presencia* de Dios, es decir, contemplaba la «faz de Dios» tras haber «muerto» (como el maestro Hiram Abí) al mundo, pues, ciertamente, *no se puede ver el rostro de Dios y seguir «vivo»* (*Éxodo* 33, 20). Lo mismo señalaba el tema vertebral de diversos altos grados: la búsqueda de la *Palabra perdida* o sagrado nombre de Dios, cuya correcta pronunciación o posesión daba acceso al Paraíso y a la intimidad con el Creador. Varios son los ejemplos que ilustran la existencia de una Tradición *operativa* en la masonería. Ya un verso del *Manuscrito Regius*, redactado en torno al año 1390, recuerda al aprendiz que debe «guardar y ocultar» la enseñanza de sus maestros, «los secretos de la cámara», lo que se haga y diga en la logia, y no revelar nunca «los consejos de la sala, y también los del bosque», dicotomía entre las palabras de la *sala* y las del *bosque* o *cobertizo* que establecían una diferencia entre los *secretos técnicos del oficio* recibidos en la *sala*, y la transmisión de una enseñanza operativa «esotérica» recibida en el bosque.

Rito de iniciación al grado de aprendiz: escena de retirada de la venda y visión de la luz mediante la llamarada del licopodio (siderografía de Henry Winkels, según Johan Georg Beck, 1846)

De entre todas las escenas del ritual de iniciación, tal vez la más importante es la que se ejecuta tras finalizar la última circumambulación o viaje y se retira la venda al recipiendario. En ese mismo instante, un maestro experto provocaba una intensa llamarada o fogonazo cerca de su rostro con polvo de Licopodio (planta medicinal considerada una especie de azufre vegetal) para deslumbrarle.

La escena de la luz ha sido diversamente interpretada por los masones. La mayoría sitúa tal escena en el horizonte moral de la Ilustración de mediados del XVIII y, por tanto, la caída de la venda simbolizaría la superación de la ignorancia y fanatismo intolerante y el acceso a las luces de la Razón. No obstante, sin descartar las interpretaciones moralizantes, la llamarada no solo parece representar la luz de la moral o del racionalismo, sino más propiamente un acontecimiento espiritual. Recordemos que el itinerario del masón a través de las tres estancias del templo de Salomón, representadas por los respectivos trazados o planchas de cada grado, culminaba en el Tabernáculo. Por tanto, al ser la iniciación un compendio simbólico y virtual que resumía el camino del masón hacia la Presencia de Dios manifestada en el *Sancta Sanctorum*, la escena de la retirada de la venda y visión de la luz representaba el momento del «despertar», a partir del cual comenzaba la recuperación del estado edénico de inocencia primigenia. Ese singular acontecimiento consiste en experimentar la propia Presenciación; que hay algo (Consciencia, ESO) que presencia el acto de pensar e incluso, de verse exento de pensamientos y que, por tanto, carece de naturaleza mental o racional (de la dualidad sujeto-objeto). Tal Despertar implica el *ser consciente de que se es consciente*, un ser y estar en el AHORA. En efecto, se trata de descubrir al Observador final, Testigo único o Sujeto impersonal: como el sujeto no es un objeto, si yo soy capaz de observar mi cuerpo, es que no soy mi cuerpo, si observo mis deseos o sentimientos es que soy distinto de mis deseos y sentimientos. Si observo el ego o la mente, es que hay algo distinto, «anterior» o «por encima» del ego o de la mente que los observa; es la Consciencia. No es propiamente un estado, pues los estados son el ámbito del ego que convierte todo en objetos, conceptos, es decir, experiencias, pues dado que allí no hay pensamientos, si acaso puede definirse como «un estado sin estados». Esta «visión impersonal», sin implicación de la mente, sin identificación del ego, que algunas escuelas hindúes denominan «tercer ojo» (no confundir con la impostura elucubrada por un ciudadano inglés que utilizó el pseudónimo de Lobsang Rampa y que nunca viajó al Tíbet) o el budismo califica como «Rostro Original», es a lo que se refiere el cristianismo cuando explica que «Reino de los Cielos está dentro de ti». Ese «estado» de atención sin tensión, de desapego o desindentificación a los pensamientos y, por tanto, desprovisto momentáneamente del ego, es decir, sin el deseo de apropiación de experiencias o deseo alguno, es a lo que en masonería se denomina de varias maneras; situarse «entre la escuadra y el compás», «Cámara del Medio»…; comprehensión o Despertar que cuando se instala y hace morada, implica encontrar la «Palabra Perdida» (aunque en realidad nunca estuvo perdida pues es Ella quien encuentra al masón debidamente orientado). La misma frase ritual «estar al Orden» es una invitación a situarse en tal «estado natural» o edénico.

Por eso mismo, la escena de la retirada de la venda y visión de la luz había de ejecutarse cuando el recipiendario se encontrara fuera del pavimento ajedrezado que simboliza el mundo de la dualidad. El simbolismo de todo este proceso ritual era evidente; tras la superación de una serie de pruebas y obstáculos (tierra, agua, aire y fuego) que, en última instancia, representaban el apego al mundo profano, conforme el candidato superaba tales pruebas, disminuían paulatinamente la agitación y el parloteo mental (simbolizados por los golpes y choques de espadas causados por los miembros de la logia) de manera que la tercera y última deambulación sobre el pavimento jaquelado transcurría ya en absoluto silencio (estado de desindentificación o desapego equivalente al establecimiento en el Sí Mismo del hinduismo, la *apatheia* del cristianismo primitivo, el *sunyata* o vacío mental del budismo, etc.). En ese momento, colocado previamente el recipiendario fuera del suelo jaquelado (es decir, fuera de la dualidad de los pares de opuestos), finalmente veía la luz al serle retirada la venda. En suma, todo parece indicar que la luz simbolizaba la posesión de una *gnosis* consecuencia del paulatino desapego al mundo asimétrico de la desemejanza.

Así las cosas, ¿conservó la masonería su legado iniciático? Y si es así, ¿en qué consistió tal legado? Precisamente debemos a René Guénon una de las explicaciones más lúcidas sobre la función de los símbolos y la eficacia de los ritos (considerados éstos como símbolos actuados) utilizados en un contexto iniciático. En este sentido, el citado autor recurre al símil de la Tradición hindú para explicar que los símbolos pueden ser *verbales* (*mantras*), *gestuales* (*mudras*), y *visuales* (*yantras* o *mandalas*). Respecto a los *símbolos verbales*, el hinduismo sigue siendo la fuente principal de conocimiento tanto teórico como práctico. En el hinduismo, los *mantras* son fonemas (sílabas, palabras o frases) sagrados (reflejan o soportan energía espiritual) que se recitan para invocar a la divinidad o como apoyo de la meditación. Dado que el universo fue creado por la *Palabra* o *Verbo* de la Divinidad, tal vibración sigue *resonando* por todo el cosmos, lo cual determina ciertas armonías y ritmos. En la medida en que reflejan energías objetivas de diferentes estados del universo, los verdaderos *mantras* son sonidos preexistentes; no son inventados, sino «descubiertos» o «despertados». Por tanto, son una forma de lenguaje universal integrado por onomatopeyas primigenias que pretenden imitar o reproducir ciertas vibraciones de naturaleza supraindividual. Debido a la ley de acciones y reacciones concordantes, quien pronuncia tales mantras y demás sonidos originarios, puede atraer las influencias celestes al entrar en resonancia con esa vibración primigenia. La repetición (*japa*) del *mantra* tiene su equivalente en la Tradición judeo-cristiana; es el caso de la recitación o recuerdo del nombre de Dios (*zakhar*), o la *salmodia* judía (la recitación de los salmos), luego practicada por los primeros cristianos, que eran judíos conversos, de donde se extendió a la Iglesia oriental y posteriormente a Occidente; la letanía (del griego *litê*, súplica), la recitación de los nombres de Dios, o el rezo del rosario, pues «todo aquel que invocare el nombre del Señor, será salvo» (*Romanos* 10, 13 y *Hechos* 2, 21). En el Islam, también existen formas de oración breve, encantamiento y recitación rítmica y ritual de un *nombre divino* o fórmula tradicional (*zikr, dhikr, wird*); «Recuérdame y Yo te recordaré» (*Corán* 2, 152). En suma, el *mantra* hindú, la salmodia judeo-cristiana, o el *dhikra* musulmán, se han considerado medios verbales o vibratorios adecuados para entrar en resonancia con el sonido del *Verbo Divino* y atraer la *Beraka*, la *Baraka* o la Gracia.

Pues bien, en la antigua masonería se practicaban algunas de estas formas o técnicas de recitación rítmica de nombres sagrados. A esa técnica de pronunciación o recitación correcta de la *Palabra perdida* aluden diversos textos y catecismos masónicos que describen la lengua como «llave»; así, en el *Misterio de la frac-masonería* (1730) se explica que la llave de la logia (Alma-Templo) es la lengua (para producir sonidos rítmicos, es decir, letanías o encantaciones), que se encuentra «en la caja de hueso», o en «una caja de marfil entre mis dientes» (mandíbula), que guarda los secretos y cuya invocación o pronunciación, efectuada con la orientación adecuada, puede facilitar al masón la resonancia con ciertos estados sutiles del Ser con los que penetrar en el *Sancta Sanctorum* (el espíritu). Las oraciones o invocaciones rituales en la apertura de los trabajos, la «circulación de la palabra de paso» entre todos los asistentes, la cadencia rítmica de los golpes de mallete, las triangulaciones de los diálogos y fórmulas rituales, las exclamaciones al cerrar los trabajos... todo ello estaba diseñado para que la atmósfera se cargara de *influencias celestes* que contribuyeran a *reunir lo disperso* y encontrar o activar la «Palabra perdida».

Investidura del aprendiz masón por tres golpes de mallete remedando el ceremonial de la caballería (siderografía de Henry Winkels según Johan Georg Beck, 1846).

Juramento del neófito según una lámina de *Assemblée des Francs-Masons pour la Réception des Apprentifs,* de Léonard Gabanon (Louis Travenol), circa 1740

También en el ámbito masónico encontramos símbolos verbales; las aclamaciones triples, las palabras de paso y, especialmente, las *palabras sagradas* de cada grado. Todas ellas, salvo contadísimas excepciones, son nombres hebreos tomados del Antiguo Testamento y alusivos a los *nombres de Dios*, razón por la cual los masones operativos consideraban que tales palabras permanecían «vivificadas», es decir, cargadas de energía, de modo que su recitación o pronunciación con la debida disposición y con el ritmo y secuencia adecuadas, facilitaba la resonancia con el mundo sutil. Recordemos que toda la construcción del Templo de Salomón, incluidas las dos columnas izquierda-norte y derecha-sur del atrio, y la *asignación de sus respectivos nombres*, Boaz y Jakin, se efectuó conforme a los planos *revelados* previamente por Dios (*1 Crónicas* 28, 19). Por tanto, los nombres de dichas columnas habían sido proporcionados por la Divinidad. Por otra parte, en algunos textos masónicos de finales del siglo XVII y principios del XVIII se menciona la práctica ritual de la circulación de la «palabra», en voz baja y de la boca al oído; así, el manuscrito Edimburgo de 1696 explica que, tras el juramento del aprendiz masón, «todos los masones presentes murmuran la palabra entre ellos, comenzando de manera que finalmente le llegue al maestro masón, quien le da la palabra al nuevo aprendiz». Por tanto, concebida la *palabra sagrada* como *símbolo activador de la Presencia o de la autoatención,* es muy probable que así fuera empleada ya en la Edad Media por los masones operativos que recurrían a la frase; «Yahveh auxíliame». Y con esa misma finalidad también pudieron emplear las *palabras sagradas* del grado respectivo, o su traducción al idioma natal; «Que él erija (Jakim) esta casa... con poder (Boaz) expulse de estas puertas a todos sus enemigos [los pensamientos]» (*1 Reyes* 7, 21). Tal *palabra* activadora de la autoatención podía ser incluso una pregunta (por ejemplo, *Ma Ha Bonne?*, literalmente ¿Quién o qué es el Constructor?»).

Respecto a los *símbolos gestuales,* la masonería los utiliza con profusión; los saludos, las baterías de aplausos, ciertos signos de estado... Cada grado masónico tenía asignado un *toque* manual de reconocimiento, un *signo* de orden, también llamado *signo penal*, y una forma específica de caminar ceremonialmente en la logia (*signo pedestre* o de marcha). Estas formas de *indigitación* han tenido su aplicación en la masonería. Por ejemplo, el *toque* del grado de aprendiz consiste en dar la mano y presionar con el pulgar derecho la primera falange del dedo índice de la mano derecha; «el toque es juntando la yema del pulgar de la mano derecha con el primer nudillo del dedo índice de la mano derecha del hermano que pide una palabra» (*La masonería diseccionada*, año 1730). Resulta significativo que las letras que corresponden a estas dos falanges del índice y del pulgar son la *pe* פ y la *he* ה, cuyos valores son 80 y 5 respectivamente, cuya suma da 85, que es el valor numérico de Boaz בועז, palabra sagrada de dicho grado. Nada parece dejado al azar; el apretón de manos del maestro masón se hace disponiendo los dedos de la mano como en garra de modo que el dedo medio «toque una vena que viene del corazón» (manuscrito Sloane n.º 3329, *circa* año 1700). Igualmente, el nombre secreto utilizado por la masonería para referirse al Gran Arquitecto del Universo es *El Shaddai*, nombre que sustituye a la *Palabra perdida*, de igual manera que el «*signo perdido*» se corresponde al de la bendición de los *Kohanim* (sacerdotes). Al parecer, la correspondencia «sutil» de los signos y toques con la «localización» de los centros sutiles del ser humano constituía uno de los secretos de los masones «operativos». Ellos creían que la asociación de los signos, gestos y toques servían para facilitar la concentración. Por tal motivo, en los cuadernos rituales de la masonería, se concede especial importancia a los tres órganos (y centros sutiles) que se corresponden respectivamente con los tres grados masónicos mencionados; aprendiz-garganta, compañero-corazón, maestro-hígado. De ser cierto, cuando la masonería se definía a sí misma como *Arte Real* estaba aludiendo a una ciencia o técnica específica, considerada el gran «secreto regio», «llave» o «clave de la logia», destinada a estimular los *centros sutiles* mediante la práctica ritual. Así, ante la pregunta del venerable de la logia: «¿Existe algo entre vosotros y yo?», la respuesta es que hay un lazo o *energía sutil* que une a todos los partícipes; el cable-tow o sirga. Hay varias referencias explícitas a esta fisiología sutil en los textos; por ejemplo, el manuscrito Edimburgo (1696), el *Examen de un masón* (1723), la *Confesión de un masón* (1727), *El Misterio de la frac-masonería* (1730), entre otros, explican que la *clave de la logia* (Alma-Templo) reside «bajo el pliegue de mi hígado, allí donde yacen todos los secretos de mi corazón», y que su longitud es «tan larga como de mi lengua a mi corazón». El manuscrito *Sloane* (1700) explicaba que la longitud del *cordón de la logia* era «tan largo como la distancia entre el pliegue del hígado a la raíz de la lengua». Por su parte, el manuscrito *Dumfries* n.º 4 (c. 1710), afirmaba que «todos los secretos» de la masonería residen en la soga o sirga (cable-tow), que «es tan larga como la distancia entre mi ombligo y la raíz de mis cabellos» (es decir, la médula espinal-columna vertebral o el eje sutil que en la India se denomina *Sushumna*) y que esa *llave* estaba guardada en un cofre de hueso (no ya la mandíbula o cráneo sino la caja torácica). Igualmente, en *La masonería diseccionada* (1730), se dice que los secretos del masón residen «bajo mi pecho izquierdo» y que la llave que los abre cuelga de una cuerda (tow-line o cable-tow) cuya longitud es de «9 pulgadas o un palmo» (de 22 a 24 cm.). Ahora bien, esa distancia es tanto la que hay «de mi lengua a mi corazón», como la existente entre la raíz de la lengua y la punta de la cabeza. Por tanto, la cuerda de la que cuelga la «llave del corazón», sería el *nadi* paralelo a la «arteria coronaria» (cable-tow) que va del chakra *Vishuddha* al chakra *Anahata*, y de aquel al *Brahma-randhra*.

Respecto a los *símbolos visuales*, considerados como soporte y ayuda para la meditación, ellos cumplían similar función a la que, por ejemplo, desempeñan los mandalas de la India o del Tibet. Sobre este particular, la masonería también ofrecía un complejo sistema de símbolos visuales que se mostraba en toda su solemnidad con ocasión de la decoración del templo; el techo azul y tachonado de estrellas estaba sostenido por doce columnas con los lazos de amor que daba cobertura a la letra G, la luna y el sol, el «ojo que todo lo ve», las tres luminarias, la piedra bruta y la tallada, los útiles de trabajo, las mesas, el altar, el suelo ajedrezado, los crespones, y, específicamente, el cuadro o tablero de logia que correspondía a cada grado, que se situaba en el centro de la logia. Recordemos que a cada grado masónico le correspondía un cuadro o tapiz específico que contenía el itinerario transcendente que el masón había de recorrer, aunque fuera virtualmente, así como los símbolos que le ayudarían a concluir el recorrido y recuperar finalmente la *Palabra perdida*.

Lamentablemente, muchos masones ignoran o desprecian este legado porque consideran que la verdadera masonería consiste exclusivamente en beneficencia y acción social. Pero la pregunta es ¿cómo contribuir a reformar la sociedad sin previamente haberse reformado a sí mismo? Y a nivel colectivo ¿qué puede ofrecer una organización que está constantemente inmersa en disputas internas? Es como aquella luciérnaga que pretendía iluminar el Universo, solo que en este caso, apenas da luz.

Ejemplo de esta des-orientación de la masonería es la ausencia, en el seno de la Orden, pese a la riqueza de ritos y rituales, de métodos y prácticas que conduzcan hacía lo que Eliade denominaba *mutación óntica*, y Guénon calificaba como realización de los estados del Ser, o «realización espiritual». Y en efecto, la masonería parece confiar fundamentalmente el pulido de la piedra bruta a la práctica de un rito. De hecho, hay una variedad de ritos de tres o cuatro grados, e incluso de Altos Grados (de 7º, 33º, incluso de 99º) que ofrecen sus singularidades. Siempre nos ha llamado la atención el hecho de que este singular esfuerzo litúrgico (por otra parte muy respetable pese a que en ocasiones esté ensombrecido por escenas mal diseñadas) no fuera acompañado de especificidades en los métodos de meditación. Ciertamente, en la Masonería, el trabajo colectivo en logia tiene un lugar preponderante. Sobre ello, aclaraba Guénon que la logia no es solo la mera reunión de individuos considerados en su modalidad física, sino que com-

Cuadro Arco Real (siglo XVIII) que representa el descenso de la influencia espiritual a través del arca de la alianza tras la retirada de la clave de bóveda (asimilada a la fontanela).

prende también la «entidad psíquica» colectiva, impropiamente denominada «egregor». Pero, por otra parte, lo «colectivo» no puede rebasar jamás dominio individual, dado que no es más que una resultante de las individualidades que lo componen; a lo más, podría suponer un «ensanchamiento» de la individualidad que ofrecería algunas ventajas a los miembros de una colectividad que pudieran utilizar esa fuerza sutil constituida «por los aportes de todos sus miembros pasados y presentes». En todo caso, nada de esto tiene que ver con la influencia de orden espiritual, dado que, por su propia naturaleza *supraindividual*, y, por tanto, *supracolectiva*, las simples individualidades quedan rebasadas. Para realizar tales estados supraindividuales en un contexto iniciático, hemos de situarnos en otro orden de magnitudes…

Sabido es que toda cofradía auténticamente iniciática custodia, como tesoro acrisolado de generación en generación, un acerbo que consiste en un método y técnicas específicas practicadas, tanto colectiva como individualmente, que están destinadas a purificar el organismo cuerpo-mente, a facilitar la concentración-meditación y, en definitiva, a propiciar *despertares progresivos*. En este sentido, resulta paradójico que la singularidad de los ritos masónicos se cifre más en un supuesto legado inglés, escocés, francés, sueco, etc., que en ofrecer métodos y técnicas específicas de concentración y meditación que ayuden a cada uno de sus miembros a encontrar la *Palabra perdida*.

En este sentido, a buen seguro, el lector encontrará en los escritos de Guénon una perspectiva más luminosa de la masonería como Orden que trabaja *A la Gloria del Gran Arquitecto del Universo*, tan alejada de las maniobras políticas, el agnosticismo y de la acción social, que tal vez le parezca utópica. En todo caso, siempre le será útil para comprender el horizonte mental y espiritual de algunos «iniciados» de Occidente.

BIBLIOGRAFÍA

– Alvarado, Javier: *Apercepciones sobre la iniciación masónica*, Madrid, 2020.
– Alvarado, Javier: *René Guénon. Testigo de la Tradición: Introducción a las obras completas*, Madrid, 2023.
– Guénon, René: *Obras Completas*, 23 volúmenes, Madrid, 2023.

Jacobo Núñez Martínez (Madrid, 1973) es actualmente profesor en el Departamento de
Organización de Empresas en la Universidad
Nacional de Educación a Distancia (España).
Anteriormente impartió docencia en la Universidad Carlos III de Madrid y en la Universidad Rey Juan Carlos. Doctor en Ciencias
Económicas y Empresariales, premio extraor-
dinario 2008, en Derecho y en Educación. Ha
realizado diversos Máster y cursos de especia-
lización en la gestión directiva de las organizaciones y la importancia del factor humano
dentro de la empresa. Sus investigaciones y
publicaciones se han centrado tanto en el
Marketing de servicios, la gestión del miedo
dentro de la empresa o la utilización de determinados aspectos de la denominada *New
Age* como herramienta motivacional para los
trabajadores. En la actualidad se encuentra
investigando la influencia de la religión en el
desarrollo y aplicación de diferentes teorías
del management empresarial.

¿CÓMO LEER LA OBRA DE RENÉ GUÉNON?

Jacobo Núñez Martínez

En alguna ocasión, muchos de nosotros nos hemos planteado cómo leer la obra de Guénon, qué orden seguir, qué quiso decir exactamente sobre determinados asuntos, especialmente cuando eran abordados en diversos artículos que presentaban solo acercamientos parciales. Gran parte de estos problemas se resuelve con la meditada recopilación y orden de prelación de la reciente publicación de las *Obras Completas* de René Guénon, acontecimiento editorial de primera magnitud que hemos de celebrar por diversos motivos. Primeramente, porque sirve para fijar los textos y recopilaciones del metafísico y esoterista francés, pues hasta el momento, han circulado diversos libros y recopilaciones un tanto arbitrarias de sus escritos sin que ninguna editorial se hubiera propuesto reunirlos con un criterio objetivo que, en este caso, ha sido por razón de su temática.

¿CÓMO LEER LA OBRA DE RENÉ GUÉNON?

A fin de fijar el número y contenido de cada uno de los volúmenes ha sido necesario establecer una división por materias de todos los artículos que el autor no había publicado previamente en forma de libro. Máxime cuando el propio Guénon confesaba en una carta fechada en 1950 y dirigida a Jean Reyor la dificultad que tenía para decidir cómo reunir aquellos artículos que todavía no había utilizado en sus libros; «habría solamente la dificultad de saber de qué manera clasificarlos para formar con ellos unos conjuntos tan coherentes como sea posible, lo que actualmente sería bien incapaz de hacer yo mismo». En segundo lugar, porque ha sido una editorial española la primera en presentar unas *Obras Completas* recopilatorias de todos los escritos de Guénon, clasificados en 23 tomos monográficos, incluidas sus cientos de reseñas y críticas de libros y revistas.

Debemos esta oportuna iniciativa al profesor Javier Alvarado Planas, uno de los catedráticos más laureados de la Universidad española, quien cuenta, entre sus diversos reconocimientos, con dos doctorados, el Premio Nacional de Historia 2009 (compartido) concedido por el Ministerio de Cultura, la Cruz de Honor de San Raimundo de Peñafort (Ministerio de Justicia), la Encomienda de la Orden de Isabel la Católica (Ministerio de Asuntos Exteriores) o la Encomienda con placa de la Orden Civil de Alfonso X El Sabio (Ministerio de Educación). Es, además, Académico correspondiente de la Real Academia de la Historia y de la Real Academia de Legislación y Jurisprudencia de España. El propio Javier Alvarado publica un tomo explanatorio con el título «*René Guénon. Testigo de la Tradición. Introducción a las Obras Completas*», en el que resume el pensamiento del sabio perennialista.

El profesor Alvarado ha agrupado la obra de Guénon en cuatro grandes apartados temáticos que, con sus correspondientes volúmenes, procedemos a explicar:

1º Apartado: Movimientos pseudo-espirituales como el espiritismo, el teosofismo y el ocultismo. Comprende los volúmenes I a VII de las *Obras Completas*:

I. Oriente y Occidente
II. La crisis del mundo moderno
III. Autoridad espiritual y poder temporal
IV. El reino de la cantidad y los signos de los tiempos

V. El Teosofismo. Historia de una pseudorreligión
VI. El error espiritista.
VII. El error ocultista y otras derivas modernas

2º Apartado: Exposición de principios metafísicos. Comprende los volúmenes VIII a X:

VIII. El simbolismo de la Cruz
IX. Los estados múltiples del Ser
X. Metafísica del Número. Los principios del cálculo infinitesimal

3º Apartado: Estudios sobre Ciclología, la Tradición y las Formas Tradicionales, comenzando por la Tradición hindú, que representa la herencia más directa de la *Tradición Primordial,* hasta la Tradición islámica, en cuanto «sello de la Profecía» y forma última de la ortodoxia tradicional del actual ciclo. En este grupo, además de un volumen sobre la *Tradición Primordial y los Ciclos cósmicos,* se presentan volúmenes independientes para las cinco *Formas Tradicionales* actualmente vivas: el hinduismo, el taoísmo, el judaísmo, el cristianismo y el islamismo; también se dedica un volumen a la masonería en cuanto organización iniciática propiamente occidental. De ello tratan los volúmenes XI a XIX:

XI. Tradición Primordial y ciclos cósmicos
XII. Introducción general al estudio de las doctrinas hindúes
XIII. El hombre y su devenir según el Vêdânta
XIV. Metafísica Hindú
XV. La Gran Tríada. Taoísmo y confucianismo
XVI. Sobre la Cábala y el esoterismo judío
XVII. Consideraciones sobre el esoterismo Cristiano
XVIII. Apercepciones sobre el esoterismo islámico
XIX. Estudios sobre la Masonería

4º Apartado: Estudios sobre los Centros espirituales (su naturaleza, organización, manifestaciones visibles), y las formas de vinculación por medio de la iniciación (concepto, cualificaciones de los candidatos, etapas, obstáculos de la vía iniciática, medios de la realización espiritual…), etc. A ello se dedican los volúmenes XX a XIII:

XX. El Rey del Mundo

XXI. El Centro del Mundo

XXII. Apercepciones sobre la Iniciación

XXIII. Iniciación y realización espiritual

Al final de la mayor parte de estos volúmenes se han añadido aquellas reseñas de libros y revistas que Guénon publicó a lo largo de su vida sobre tales materias y que son especialmente útiles porque aclaran o profundizan en los fundamentos del perennialismo. También se publican aquellos trabajos que Guénon escribió bajo pseudónimos.

Pasemos a comentar cada uno de esos 23 volúmenes:

1º Crítica al mundo moderno

Publicado en 1924, en ORIENTE Y OCCIDENTE René Guénon plantea la necesidad de que una élite espiritual impulse una reforma de la mentalidad moderna para evitar la autodestrucción de Occidente. En realidad, toda la obra de Guénon se encamina a dicho objetivo; la recuperación del conocimiento tradicional que contribuya a que Occidente constituya una élite espiritual y vivifique su Tradición.

Poco después, en LA CRISIS DEL MUNDO MODERNO continuó su crítica a la modernidad desde una visión puramente metafísica o, si se prefiere, esotérica. Frente a la hipótesis moderna del progreso material indefinido, expuso la doctrina tradicional de los ciclos cósmicos a tenor de la cual nos encontramos al final de la última y cuarta edad, el *Kali-Yuga*, «edad sombría» o «edad de hierro», punto crítico en el que *deberá producirse inevitablemente un cambio de orientación, de grado o por fuerza, de una manera más o menos brusca. Aunque la decadencia espiritual del Kali-Yuga es generalizada, lo cierto es que no alcanza el mismo grado en todos los pueblos y regiones de la tierra, dado que el mundo occidental al haber olvidado prácticamente sus fundamentos tradicionales, se encuentra en un estado de postración tan avanzado que es como un pollo sin cabeza».

En 1929 publicó AUTORIDAD ESPIRITUAL Y PODER TEMPORAL a manera de interpretación *metafísica de la política* en la que comenta algunos ejemplos de la revuelta del poder temporal contra la autoridad espiritual. Aclara Guénon que por *autoridad espiritual* se entiende la élite espiritual que ha realizado estados supraindividuales y, por tanto, se sitúa en el ámbito esotérico o puramente metafísico de toda *Forma Tradicional*. Por tanto, no debe confundirse la *autoridad espiritual* (ámbito esotérico) con la *jerarquía religiosa* (ámbito exotérico). En esto Guénon se mantuvo inflexible: la autoridad espiritual está siempre por encima o inspirando el poder temporal. Ahora bien, ¿qué sucede cuando el sacerdocio pierde su vinculación con el «Centro» porque no existe suficiente «masa crítica» de testigos que den fe de la Tradición de modo que la sociedad no dispone de ejemplos a los que seguir o imitar? Como explica el profesor Alvarado, perdida la legitimidad que otorga la vinculación directa y efectiva con el «Centro», la función regia o guerrera (Guénon utiliza el concepto de «*Chatrya*» del sistema de *varnas* de la India) invierte las relaciones jerárquicas normales y acaba suplantando a los sacerdotes (*Brahmanes*); pero como la única fuente de legitimidad que posee la función guerrera es la fuerza, también los *Chatryas* acaban enfrentados entre sí transmitiendo a la población sus disputas de modo que, la alianza de algunos de ellos con comerciantes (*Vaysas*), supondrá a la larga que aquellos sean reemplazados en el poder por comerciantes que invocaran como única fuente de legitimidad la riqueza material. Entramos así en la secuencia de formas de gobierno que ya Platón comentó en sus Diálogos. Según Guénon, incluso en los casos en que la autoridad espiritual sea una mera cáscara vacía, «siempre tendrá la mejor parte».

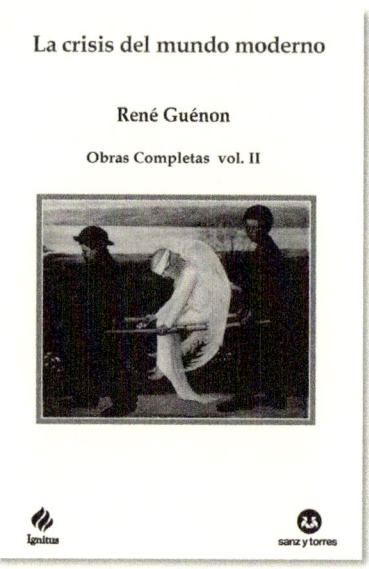

La crisis del mundo moderno

René Guénon

Obras Completas vol. II

Publicado en 1945, EL REINO DE LA CANTIDAD Y LOS SIGNOS DE LOS TIEMPOS se agotó en dos meses y hubo de reeditarse en varias ocasiones. Se trata de una *metafísica de la historia* en la que explica con precisión casi matemática los ciclos históricos de la presente Humanidad en la medida en que el tiempo y la historia no son más que el reflejo de ciertos procesos cósmicos. Pese a lo que pudiera deducirse de la afirmación de que «el fin del mundo» *en última instancia no es más que el fin de una ilusión,* ello no implica una visión pesimista de la historia sino una constatación de la ciclicidad del tiempo. Por tanto, en la medida en que se anuncia el fin del ciclo, se explicita la esperanza en que un nuevo ciclo, un «fermento de resistencia espiritual» sirva de «arca» para que la *élite espiritual* siente las bases de una nueva *Forma Tradicional*).

En EL TEOSOFISMO, HISTORIA DE UNA PSEUDO-RELIGIÓN denunció el sincretismo de la *Sociedad Teosófica* de Blavatsky como invención en la que se mezclaban ciertos estereotipos del mundo moderno (evolución, progreso, justicia social…) y conceptos hindúes mal comprendidos (como por ejemplo las ideas del *dharma*, *karma*, reencarnación, *samsara*, etc.). También ilustró documentalmente que los viajes al Tibet y los contactos con unos supuestos *Mahatmas* o una *Fraternidad Blanca* fueron un fraude (la propia Blavatsky reconoció más tarde al confesar en una carta a Solovioff que «el Maestro Morya y el Mahatma Koot Hoomi son tan solo producto de mi imaginación, yo los inventé»). O que el famoso manuscrito de la *Estancias de Dzyan* que H. P. Blavatsky dijo haber «descubierto» en el Tibet y que le sirvió para escribir su *Doctrina Secreta* (1888) y sentar las bases de todo el moviento teosofista, no era sino una adaptación del *Kandjur* y del *Tandjur*, que ya había sido publicado en 1836 en el volumen XX de las *Asiatic Researchs* de Calcuta por Alexandre Csoma de Körös.

EL ERROR ESPIRITISTA fue otra de sus obras de denuncia del espiritismo y del ocultismo en defensa de la espiritualidad o del esoterismo tradicional. Según Guénon, el teosofismo, el espiritismo y el ocultismo fueron una reacción al materialismo y el positivismo del siglo XIX; pero en la medida en que no eran sino un «materialismo traspuesto», no hacían sino combatir un error con otro error; y el error de estas formas de «neoespiritualismo» *consiste en no trascender el nivel fenoménico y en trasladar a un plano pseudoespiritual los métodos y los principios materialistas de la ciencia ordinaria*. Precisamente, para disipar este y otros errores, afirmaba Guénon que *las doctrinas tradicionales proporcionan principios que, para quien los ha comprendido, son de una absoluta certeza, y sin los cuales uno corre mucho riesgo de extraviarse en los tenebrosos laberintos del «mundo inferior», así como tantos exploradores temerarios, a pesar de todos sus títulos científicos o filosóficos, nos han dado ya el triste ejemplo de ello.*

Tras la publicación de *El Teosofismo* (1921) y de *El error espiritista* (1923) René Guénon siguió escribiendo artículos y reseñas de libros con el fin de denunciar las derivas de los movimientos ocultistas, ahora rearmado a través de las nuevas ramificaciones del fenómeno *New Age*. Como explica el profesor Alvarado, «la *Nueva Era*, en cuanto conjunto de corrientes socioculturales y pseudo-científicas de diversa naturaleza posee un atractivo carácter antidogmático, relativista, individualista y ecléctico que, so capa de utilizar una jerga específica procedente de la distorsión de las tradiciones orientales, se presenta como una nueva forma de espiritualidad cuyo éxito y difusión se debe a que ha permitido que cualquier persona sin la menor preparación pueda presentarse como maestro o instructor». Precisamente, a fin de aclarar y visibilizar de manera inequívoca que Guénon combatió el ocultismo, el editor ha juzgado necesario que uno de los volúmenes de sus *Obras Completas* lleve precisamente por título EL ERROR OCULTISTA Y OTRAS DERIVAS MODERNAS. Conviene recordar al lector la diferencia que establecía Guénon entre «esoterismo» y «ocultismo»: *mientras que el esoterismo es de origen «suprahumano», constituye la parte más espiritual o metafísica de toda Tradición y tiene por finalidad conducir a los estados «supraindividuales» hasta la Liberación final, el ocultismo es una invención meramente humana cuya meta no rebasa el dominio psíquico y mental, es decir, el de la individualidad y, por tanto, no puede conducir a los estados «suprahumanos».* Además, los ocultistas tienen la pretensión de poseer conocimientos arcaicos con los que dominar los secretos de la naturaleza y desarrollar los poderes latentes del hombre; son el reclamo para ganar adeptos para su causa. Insiste Guénon que, *pese a todas sus pretensiones, los ocultistas no son depositarios de ninguna Tradición por mucho que se esfuercen en suplir con la fantasía el saber real del cual carecen;* de hecho, recurriendo a la ambigüedad terminológica y al «sincretismo» han fabricado una falsa tradición para uso de sus adherentes, lo cual supone la negación de todo principio tradicional auténtico y, por tanto, del esoterismo.

Uno de los aspectos más nocivos de los movimientos ocultistas es su interés por imitar las organizaciones iniciáticas tradicionales porque ello «permite a los que forman parte de ella llamarse iniciados» y considerar profanos a los demás. Pero, como señala Guénon, al no ser depositarias de ninguna influencia espiritual ni estar vinculadas a un centro espiritual auténtico, tales organizaciones no pasan de ser caricaturas o contrahechuras que solo dispensan una «pseudoiniciación». Finalmente, afirma Guénon, el ocultismo muestra su aspecto más siniestro cuando algunas de esas organizaciones son infiltradas por «agentes» de la «contrainiciación» cuya finalidad es desacreditar y atacar todo lo que sea tradicional.

El error ocultista
y otras derivas modernas

René Guénon

Obras Completas vol. VII

Ignitus   sanz y torres

2º Exposición de principios metafísicos

El segundo gran apartado de las obras de René Guénon agrupa los trabajos más puramente metafísicos. Como explica Alvarado; «hasta en libros tan aparentemente especulativos como los de este segundo bloque, se percibe claramente que hay un objetivo mayúsculo; la realización del ser, ya sea mediante una interpretación metafísica *more geometrico*, como es el caso de *El simbolismo de la Cruz* (1931) o de *Los Estados múltiples del ser* (1932), o *more mathematico*, como en *Metafísica del Número: Los principios del cálculo infinitesimal* (1946)». En este bloque encuentran muchos lectores la respuesta a la extraña afirmación de René Guenón cuando defendía la necesidad de que las ciencias recuperasen su sentido metafísico. En efecto, las tres publicaciones de este bloque constituyen magníficos ejemplos de las posibilidades metafísicas de las ciencias, concretamente de la matemática y de la geometría.

En EL SIMBOLISMO DE LA CRUZ, Guénon recurre al simbolismo geométrico para ilustrar la doctrina metafísica tradicional relativa a los diversos estados recorridos por el ser hasta alcanzar la realización efectiva más allá de toda condición; aquello que la doctrina hindú denomina «Liberación» (*Moksha*) porque desata al hombre de la rueda de la vida (*jivanmukta*), o el esoterismo islámico llama «Identidad Suprema». Por su parte, escrita como complemento a *El simbolismo de la cruz*, LOS ESTADOS MÚLTIPLES DEL SER (1932) es una completa explicación sobre la «geografía» del infinito, la Posibilidad Universal, el Ser y el No-Ser, como marco de referencia para comprender la *realización metafísica*. Desde la primera dualidad conceptual «Ser» y «existir»: «existir», en la acepción etimológica de esta palabra (del latín *ex-stare*, literalmente, «estar fuera», estar sostenido o depender de otro), es propiamente un ser dependiente y condicionado de manera que lo que denominamos la Existencia comprende solo las posibilidades de manifestación del ser, *incluido el estado primordial, indiferenciado, y punto de partida de todas las manifestaciones diferenciadas, de igual modo que la unidad es el punto de partida de toda la multiplicidad de los números*. Ahora bien, entre las condiciones de la existencia, la forma caracteriza el estado individual, como un estado particular de manifestación dentro la serie indefinida de los estados del Ser Total. Como todo cuerpo puede moverse siguiendo una o varias de las dimensiones del espacio físico, pero, además, este cuerpo se mueve siempre necesariamente en el tiempo; *por consiguiente, éste se entenderá como otra dimensión del espacio si se cambia la sucesión en simultaneidad; en otras palabras, suprimir la condición temporal, equivale a añadir una dimensión suplementaria al espacio físico. Esta cuarta dimensión corresponde entonces a la «omnipresencia» en el dominio considerado, y por medio de esta transposición en el «no-tiempo» puede concebirse la «permanente actualidad» del Universo manifestado*. Todo ello sin perjuicio de que *la aparente multiplicidad no existe más que en la unidad y que su existencia como ser independiente es ilusoria*.

Finalmente, METAFÍSICA DEL NÚMERO comprende el libro *Los principios del cálculo infinitesimal*, junto a varios artículos y reseñas de libros relacionados con el mismo asunto. Esta obra presenta un ejemplo de aplicación en clave matemática de cómo los principios matemáticos son símbolos de realidades superiores que pueden servir de soporte a la contemplación espiritual en la medida en que reflejen y se vinculen a sus principios trascendentes. Especialmente didácticas son sus reflexiones sobre la naturaleza del número, del infinito, del cero, del punto geométrico... Por ejemplo, critica que los matemáticos confundan el número con la cifra cuando, en rigor, *la cifra no es más que la vestidura del número*. Igual impropiedad se comete al confundir número, medida y cantidad; *la cantidad no es lo que se mide, sino, por el contrario, aquello por lo que las cosas son medidas*; incluso puede afirmarse que la medida es, en relación al número, en sentido inversamente analógico, lo que es la Manifestación en relación a su principio esencial. Con todo, la obra es un prolegómeno para explicar la clave de bóveda de todo el armazón matemático: el *paso al límite*. Como señala el profesor Alvarado, el concepto de *paso al límite* le sirve a Guénon «para simbolizar la transformación espiritual, el cambio cualitativo de estado, el paso de una modalidad del ser a otra superior, en definitiva, define matemáticamente una realización espiritual, el *samadhi* de los hindúes, el *satori* del budismo zen, el éxtasis o iluminación del cristianismo... En el lenguaje de la física ello equivale a un *salto cuántico*, y en el lenguaje geométrico a la *cuadratura del círculo*».

3° Formas Tradicionales vivas

El tercer bloque de las *Obras Completas* de René Guénon está dedicado al origen de la Tradición y su adaptación a las diversas circunstancias de tiempo y lugar mediante diversas *Formas Tradicionales*. Concretamente, Guénon concedió especial importancia a cinco de las *Formas Tradicionales* más importantes que todavía perviven actualmente: la Tradición hindú (a la que se dedica tres volúmenes por ser la más cercana a la *Tradición Primordial*), la Tradición china (taoísmo y confucianismo), la Tradición judía, la Tradición cristiana y la Tradición islámica. Finalmente, se ha añadido un último volumen sobre la masonería como vía iniciática occidental que sobrevive actualmente.

En el sorprendente volumen TRADICIÓN PRIMORDIAL Y CICLOS CÓSMICOS, Guénon nos introduce en los ciclos de la Humanidad y leyes de la Historia. Aunque no todos los estados de la manifestación tienen una dimensión temporal, los que poseen características de tiempo y forma, *se rigen por Leyes o ritmos* que mantienen *correspondencias y relaciones analógicas* entre todos los demás ciclos y subciclos. Ello da pie al autor para explicar la doctrina hindú de los *Kalpas*, *Manvántaras* y *Yugas*, equivalentes, éstos últimos, a las «edades» de la Tradición greco-latina (Oro–Plata–Bronce–Hierro), la aparición de la Humanidad terrestre, la entrega o revelación del «depósito» de la *Tradición Primordial* a los primeros padres (*Rishis*), el descenso cíclico de la Tradición (la *Tradición Hiperbórea*, la *Tradición Atlante*, etc.), así como los diversos subciclos derivados del movimiento de precesión de los equinoccios, el curso solar, las estaciones, las puertas zodiacales, etc. que señalan la evanescente «corriente de las formas».

Entrando en el estudio de las diferentes Formas Tradicionales, el primer volumen, publicado en 1921, es una INTRODUCCIÓN GENERAL AL ESTUDIO DE LAS DOCTRINAS HINDÚES que tenía la finalidad de dar a conocer el auténtico espíritu de la India exponiendo las doctrinas orientales tal y como lo harían expertos orientales. Respecto a la autoridad de este libro y de los otros trabajos de Guénon sobre el Hinduismo y el Vedanta, cabe mencionar el testimonio de Roger du Pasquier: «Durante una estancia en Benarés en 1949 conocí la obra de Guénon; su lectura me había sido recomendada por Alain Danielou, el cual había sometido las obras de Guénon a *pandits* ortodoxos. El veredicto de éstos fue claro: «de todos los occidentales que se han dedicado a las doctrinas hindúes, sólo Guénon –dijeron– ha comprendido verdaderamente su sentido´».

Guénon se vinculó al *Vêdânta advaita* entre los años 1904 y 1909, de modo que en su libro EL HOMBRE Y SU DEVENIR SEGÚN EL VÊDÂNTA, explicaba las doctrinas que le habían transmitido sus maestros advaitas, y concretamente, más que ofrecer una exposición de conjunto de todo el *Vêdânta,* se limitó a comentar la naturaleza y la constitución del ser humano, de los estados póstumos, y de la Liberación.

Los numerosos trabajos y reseñas publicadas sobre Hinduismo han sido recopilados en un tercer volumen titulado METAFÍSICA HINDÚ, en los que, con su habitual maestría, expone las doctrinas vertebrales del hinduismo, como el origen no-humano del *Sanâtana Dharma,* equivalente de la *Ley Eterna* del cristianismo, la diferencia entre Espíritu e Intelecto (*Atmâ-Buddhi*), la teoría hindú de los cinco elementos, el *Kundalinî-yoga*, el tantrismo, etc.

En 1946 el libro LA GRAN TRIADA. TAOISMO Y CONFUCIANISMO se adentró en la Tradición esotérica del Taoismo. Recordemos que Guénon fue iniciado en el taoísmo y se vinculó a Tongsang Nguyen te Duc-Luat, uno de los cinco *Tiensi* o maestros de la China Meridional. Allí se explica el concepto del *Tao* con numerosas citas de paralelos con otras *Formas Tradicionales*; también dio noticia de «sociedades secretas» o esotéricas chinas (por ejemplo la *Tien-ti-huei*, «Sociedad del Cielo y de la Tierra», vinculada a la jerarquía taoísta), «templos sin puertas» o «colegios donde no se enseña», *organizaciones que no tienen ninguno de los caracteres de una «sociedad» en el sentido europeo de este término, dado que no tienen forma exterior definida, y a veces ni siquiera nombre, a pesar de lo cual crean entre sus miembros el lazo más efectivo y más indisoluble que pueda existir porque es de naturaleza espiritual.*

En la recopilación póstuma SOBRE LA CÁBALA Y EL ESOTERISMO JUDÍO se reúnen ocho trabajos en los que el autor delimita el concepto *Qabbalah*, el simbolismo del corazón del Mundo, los conceptos de monoteísmo, politeísmo y angelología, la Ciencia de los números y las analogías de la Tradición hebrea con otra *Formas Tradicionales*. Como señala Alvarado, «esta obra de Guénon ilumina ciertas cuestiones fundamentales de la *Qabbalah* de una manera tan inusual y a la vez interna, que se adivina que su verdadera intención no era un afán erudito o meramente crítico del academicismo oficial y menos aún engrosar la lista de ocultistas y diletantes que habían subvertido la Cábala; se proponía mostrar a los occidentales la autenticidad de la Cábala como *doctrina tradicional* y dejar, de paso, algunas *señales* para orientar el trabajo de la futura élite espiritual».

En el macrovolumen CONSIDERACIONES SOBRE EL ESOTERISMO CRISTIANO se recopilan diversos estudios sobre esoterismo cristiano, de los cuales, dos de ellos fueron publicados en su día como libros; *El esoterismo de Dante* (1925) y *San Bernardo* (1929). En el primero, Guénon descifró algunos pasajes de la *Divina Comedia* en los que Dante demostró conocer ciencias tradicionales ignoradas por los modernos, como la ciencia de los números, la teoría de los ciclos cósmicos, la astrología sagrada, etc., que encontramos también expuestas entre los pitagóricos, *lo cual se explica en la simple razón de que la verdad es una, y que de Pitágoras a Virgilio y de Virgilio a Dante, la «cadena de la Tradición» no fue sin duda rota sobre la tierra de Italia.* En el libro sobre San Bernardo, reflexionaba sobre la necesaria supremacía de la autoridad espiritual sobre el poder temporal. El volumen recopila seguidamente varios trabajos que defienden que, en sus orígenes, el cristianismo «tenía un carácter esencialmente esotérico y por consiguiente iniciático»; conviene advertir que se trata de *«esoterismo cristiano» y no, como erróneamente algunos creen, de un «cristianismo esotérico», pues no se trata de una forma especial de cristianismo, sino del lado «interior» de la Tradición cristiana.* No obstante, a consecuencia

de la masiva conversión al cristianismo en tiempos de Constantino, el esoterismo se redujo considerablemente en beneficio del exoterismo, aunque
ambos aspectos de la doctrina convivieron y respetaron sus respectivos
ámbitos. Según Guénon, los sacramentos cristianos perdieron su carácter
esotérico o iniciático y quedaron como ritos puramente exotéricos de modo que actualmente, la minoración de la vertiente interna de la Tradición
cristiana, en su doble aspecto de doctrina metafísica e iniciación (vía de
realización espiritual), es una anomalía del mundo moderno que debe ser
reparada. Conviene mencionar que tales afirmaciones suscitaron una viva
polémica, incluso entre las personas más cercanas al maestro, que todavía
pervive y dista de estar superada.

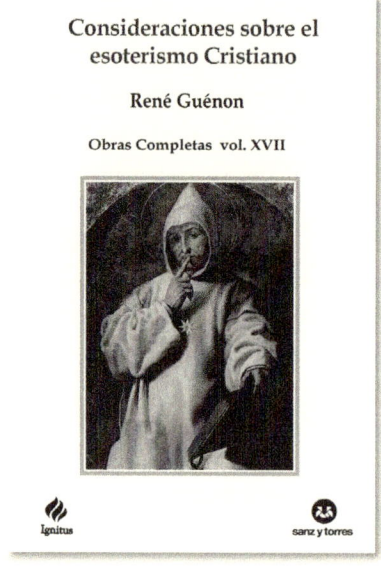

Por otra parte, como es sabido, René Guénon se vinculó al sufismo (a una
rama de la *Tariqa Shadhiliya,* fundada en Egipto a comienzos del siglo XVII
por el marroquí Muhammad al-Arabî) al recibir en 1912 la *barakah* del *Sheij*
Abderramán Elish El Kebir por medio de su delegado o *moqaden* Abdul-
Hadi (John Gustaf Agueli). Tras su entrada en el *Tasawuf* (esoterismo) con
el nombre de *Abdel Wahed Yahia* (el servidor del Único), se planteó presentar una visión general del esoterismo islámico de manera semejante a
como lo había hecho sobre el Hinduismo en su libro *Introducción general al*

estudio de las doctrinas hindúes: «Es lamentable que no exista una exposición de conjunto del esoterismo islámico… Confieso que no puedo llegar a todo y desgraciadamente, no conozco a nadie que tenga datos suficientes y pueda aportar el espíritu requerido» (Carta a Louis Caudron de 26 de junio de 1937). Todo ello explica que el editor haya decidido dedicar uno de los volúmenes a los trabajos de Guénon sobre esta Forma tradicional.

Concluye este bloque con un volumen recopilatorio de los *Estudios sobre la Masonería*. La atención que prestó Guénon a la masonería resulta llamativa. La circunstancia de que el profesor Alvarado haya abordado el asunto en este número monográfico, nos dispensa de mayores desarrollos. Únicamente aclararemos que, frente a otras recopilaciones de estudios de Guenón sobre la masonería, el presente es el más completo dado que ha incluido trabajos que habían sido preteridos como: «La letra G y la esvástica», «Reunir lo disperso», «El blanco y el negro», «Piedra bruta y piedra tallada», «La cadena de unión», «El ojo que todo lo ve», «La Iniciación y los oficios»…

4º La realización espiritual

El cuarto y último apartado de las *Obras Completas* de René Guénon está dedicado al estudio de los Centros espirituales, su subordinación al Centro espiritual supremo y las formas de vinculación a tales organizaciones o maestros por medio de la *iniciación* espiritual (concepto, cualificaciones de los candidatos, etapas o grados, medios de la realización espiritual…), así como a señalar algunos de los errores de comprensión y obstáculos más comunes que pueden aparecer en la vía iniciática.

En efecto, en 1927 René Guénon publicó su obra más «enigmática»: EL REY DEL MUNDO, en la que se aborda la existencia, desde muy antiguo, de Centros espirituales, así como su misión y vinculación a un Centro Supremo. El pretexto para escribirla fue salir al paso de ciertas afirmaciones contenidas en dos libros en los que se revelaba la existencia de un misterioso Centro iniciático subterráneo denominado Aghartta inaccesible a los hombres ordinarios: *La Mission de l'Inde*, publicada en 1910 por Saint-Yves d'Alveydre, y *Bestias, Hombres y Dioses,* publicada en 1924 por Ferdynand Ossendowski. Algunos han calificado esta obra de Guénon de «desconcertante», «extraña» o «increíble». El propio autor reconoce que había expuesto cuestiones hasta ese momento reservadas a ciertos ambientes iniciáticos y que había tenido algunas reservas en revelarlas: «ciertamente hemos dicho mucho más de lo que se ha mencionado hasta ahora, y algunos estarán tentados de reprochárnoslo…». Como aclara Alvarado, frente a quienes han criticado a Guénon por la falta de referencias o citas de documentos, este es precisamente un ejemplo de cómo la misma naturaleza de lo que describe imposibilita el aportar fuentes; *se sabe que existen ciertas organizaciones verdaderamente secretas, mucho más próximas al poder central y cuyos miembros no tienen ni reuniones, ni medios de reconocimiento… por lo que no son de una naturaleza que pueda ser probada por un documento escrito cualquiera.* En definitiva, se trata de una obra maestra en la que se desvela la doctrina tradicional de los Centros Espirituales o Iniciáticos, su vinculación a un *Centro Espiritual Supremo* que conserva, a través de vicisitudes cíclicas, el depósito íntegro de la *Tradición Primordial* (*Shambhala, Aghartha, Tula,* etc.), en la que el autor volvió a explicitar la necesidad de que una élite espiritual que restaurase la Tradición Occidental en su dimensión *operativa* restableciera relaciones con las organizaciones iniciáticas orientales y, por tanto, con el Centro Supremo. Recordemos que ya en 1924 Guénon había afirmado que *la creación de una élite espiritual dentro del catolicismo es necesaria para que Occidente llegue finalmente a tener representantes en lo que se designa simbólicamente como el «Centro del mundo»* (*Oriente y Occidente,* cap. IV).

Para ilustrar este arquetipo universal Guénon publicó diversos trabajos que se encuentran reunidos bajo el título EL CENTRO DEL MUNDO a modo de continuación o complemento de *El Rey del Mundo.* A lo largo de todos ellos, y a través de la comparación de las diversas Tradiciones, expuso que el Centro es, ante todo, el origen del punto de partida de todas las cosas; *es el punto principal, sin forma ni dimensiones, por lo tanto indivisible, y, por consiguiente, la única imagen que pueda darse de la Unidad primordial,* simbólicamente asociada al Rey del Mundo. En nuestro mundo, el Centro espiritual supremo desde el que se estableció la primera revelación o Ley, es decir, la *Tradición Primordial,* es recordado con el nombre de «Paraíso terrenal», *Pardes,* del que derivan todas las *Formas Tradicionales.* Como ese Centro del Mundo (en la acepción de Paraíso terrenal) se ha vuelto inaccesible al *hombre caído* que ha perdido el «sentido de la eternidad», la vinculación a un Centro espiritual es la manera ordinaria de recuperar esa intimidad perdida o volver a la Patria originaria.

Como explica el profesor Alvarado en su *Introducción a las Obras Completas de René Guénon,* el sabio sufí «no quiso asumir el papel de maestro o *gurú* y expresamente rechazó tener discípulos, sus escritos no tratan *explícitamente* los métodos de realización espiritual». Prefirió explanar el marco teórico de referencia y diversos aspectos preparatorios a lo largo de diversos trabajos publicados entre 1932 y 1945, que fue finalmente editado en 1946 con el título de APERCEPCIONES SOBRE LA INICIACIÓN. Dado que este tema es expuesto en esta revista, no abundaremos en el asunto.

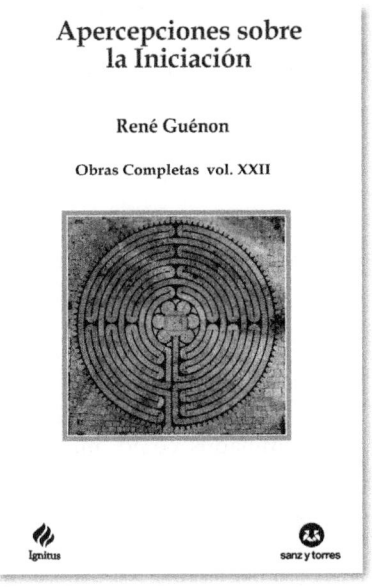

Apercepciones sobre
la Iniciación

René Guénon

Obras Completas vol. XXII

Ignitus
sanz y torres

En 1952 se publicaron nuevos estudios publicados por el maestro sobre este asunto bajo el titulo *Iniciación y realización espiritual.* Pero, como señala Alvarado, «pese a la buena intención de sus editores, se dejaron fuera de esta recopilación póstuma algunos trabajos que debían haberse incluido y que añadimos ahora… La mayor parte de tales artículos tenían origen en las consultas que, de todas partes del mundo, le llegaban por carta; de todo ello procuraba sintetizar principios generales conformes con la doctrina tradicional que, una vez publicados, pudieran servir al lector interesado».

Consideraciones finales

A pesar de la ingente producción literaria de René Guénon y el haber sido calificado como maestro de maestros y testigo de la Tradición, su obra no ha tenido ni el reconocimiento ni la aceptación que merece, tanto por parte del público general como de la disciplina académica. Los motivos de este ostracismo no debemos buscarlos en una desactualización de sus escritos en su vertiente más profana, centrada en una crítica a la sociedad actual, o en un desinterés por el esoterismo, puesto que el paso del tiempo ha demostrado que la obra del gran sufí se encontraría incluso tan vigente como en el momento de su redacción. Tampoco podemos achacarla a la propia complejidad de su trabajo, que traslada al lenguaje formal conceptos simbólicos de carácter metafísico, puesto que gran parte de sus libros son eminentemente explanatorios y abordan cuestiones de conocimiento general.

Uno de los aspectos que ha influido en este ostracismo se debe a su supuesta relación con el tradicionalismo, entendiéndose como tal el movimiento político y cultural surgido durante el siglo XIX como crítica a los cambios producidos por la ilustración y el liberalismo. A ello ha contribuido que durante la década de los sesenta su figura fuese revindicada por grupos conservadores de marcada tendencia gnóstica y, posteriormente, por intelectuales autodenominados como anti-modernos, que asumirían ciertos principios de la *Sophia Perennis* en su concepción más burdamente política y que tendría como principales exponentes a Aleksander Dugin, Steve Bannon o el filósofo Olavo de Carvalho, entre otros. A este respecto debemos señalar que, si bien Guénon fue hijo de su tiempo, en su obra no existen referencias políticas, puesto que el mismo se declaraba como apolítico. En varias ocasiones *desautorizó cualquier interpretación política de su obra*: «Recordaremos todavía una vez más que todo lo que toca de cerca o de lejos a la política nos es absolutamente extraño; y desaprobamos de antemano toda consecuencia de este orden que cualquiera pretendiera sacar de nuestros escritos, en el sentido que sea» (*Le Voile d'Isis*, marzo de 1935). Y añadía «por principio, nos prohibimos formalmente toda polémica, y nos mantenemos apartados de toda acción exterior y de toda lucha de partidos». Y en otra ocasión reiteró que «todo lo que hemos escrito prueba sobreabundantemente que no tenemos sino la más perfecta indiferencia por la política y todo lo con ella vinculado de cerca o de lejos, y no exageramos nada diciendo que las cosas que no conciernen al orden espiritual no cuentan para nosotros» (reseña en *Le Voile d'Isis,* febrero de 1931).

Para marcar sus diferencias con ciertos movimientos políticos reaccionarios con los que solo coincidía en su crítica al mundo moderno, y no ser encasillado como autor tradicionalista, defendió que él era más propiamente «tradicional»; afirmando que la diferencia esencial entre «tradicionales» y «tradicionalistas» radicaba en que estos, a diferencia de aquellos, carecían de una base doctrinal metafísica y una conexión o vinculación iniciática real. Sobre esto, cabría recordar las profundas discrepancias que mantuvo con un tradicionalista italiano, Julius Evola y sus seguidores, los cuales, so capa de defender una supuesta tradición guerrera en aras de solucionar la decadencia de la actual sociedad, han protagonizado una de las manipulaciones más burdas de la obra de Guénon. Recordemos que las diferencias entre Guénon y Evola motivaron que no se permitiese a éste publicar ninguno de sus artículos en la revista *Le Voile d'Isis* ni en *Études Traditionnelles,* órgano de difusión de los trabajos de René Guénon y de sus colaboradores. También es conveniente recordar que es absolutamente falsa la supuesta influencia de Guenon en la corriente ocultista del Nacionalsocialismo. De hecho, en su obra *Consideraciones sobre el esoterismo cristiano,* p. 428, Guénon relacionó a Hitler y al nacionalsocialismo con fenómenos «satánicos» (lo que quiera que ello signifique); y sobre la utilización nazi de la svástica y de una pretendida raza aria afirmó que «todo esto es pura fantasía».

El segundo aspecto que ha ocultado su obra se relacionaría con la expansión de la denominada New Age durante la segunda mitad del siglo XX. Puesto que, si bien la doctrina teosófica como tal es casi desconocida para el gran público, sus preceptos han resultado determinantes en la concepción que se tiene actualmente tanto del mundo espiritual como incluso en la propia descripción del Más allá. Al considerar ciertas ideas (reencarnación, mediumnidad, evolucionismo, psiquismo, sincretismo religioso) como verdades inmutables dentro de la cosmogonía «ocultista». Cuestiones, todas ellas, que fueron duramente atacadas en la obra guenoniana, especialmente la teórica adquisición de poderes psíquicos por comunicación con unos supuestos superiores desconocidos. Todo ello explica que los movimientos ocultistas consideraran a Guénon como su principal enemigo a batir o a orillar; ejemplo de ello es el libro *El retorno de los brujos*, en que la figura de René Guénon es criticada de manera arbitraria.

El tercer elemento que ha supuesto un oscurecimiento de su obra procede del ámbito académico en la medida en que se la ha considerado carente de rigor científico. En este sentido, debemos indicar que fue el propio autor el que voluntariamente rompió con el método científico al rechazar el progreso lineal de la historia, la importancia del método cartesiano, las investigaciones de carácter cuantitativo o el rechazo de la metodología racional de la filosofía para comprehender la metafísica. Aunque curiosamente, no ocurriría lo mismo con seguidores del propio autor, tales como Ananda Coomaraswamy, Titus Burckhardt o Mircea Eliade, entre otros, que sí tendrían un notable reconocimiento científico.

En cualquier caso, para quienes aspiramos a situarnos en el justo medio y la recta acción, la edición de estas *Obras Completas* resulta una labor justa y perfecta, por lo que nos congratulamos de ello. ⚒

BIBLIOGRAFÍA

– Alvarado, Javier: *René Guénon. Testigo de la Tradición: Introducción a las Obras Completas*, editorial Sanz y Torres, Madrid, 2023.
– Guénon, René: *Obras Completas*, 23 volúmenes, editorial Sanz y Torres, Madrid, 2023:
I. Oriente y Occidente
II. La crisis del mundo moderno
III. Autoridad espiritual y poder temporal
IV. El reino de la cantidad y los signos de los tiempos
V. El Teosofismo. Historia de una pseudorreligión
VI. El error espiritista
VII. El error ocultista y otras derivas modernas
VIII. El simbolismo de la Cruz
IX. Los estados múltiples del Ser
X. Metafísica del Número. Los principios del cálculo infinitesimal
XI. Tradición Primordial y Ciclos cósmicos
XII. Introducción general al estudio de las doctrinas hindúes
XIII. El hombre y su devenir según el Vêdânta
XIV. Metafísica Hindú
XV. La Gran Tríada. Taoismo y confucianismo
XVI. Sobre la Cábala y el esoterismo judío
XVII. Consideraciones sobre el esoterismo cristiano
XVIII. Apercepciones sobre el esoterismo islámico
XIX. Estudios sobre la Masonería
XX. El Rey del Mundo
XXI. El Centro del Mundo
XXII. Apercepciones sobre la Iniciación
XXIII. Iniciación y realización espiritual

Cultura Masónica N.º 57
René Guénon | Tradicionalismo Integral (I)

Ramón Martí Blanco, Barcelona, 6 de junio de 1952, diseñador gráfico, graduado en Artes Aplicadas y Oficios Artísticos, técnico publicitario y de Artes Gráficas. De su amplio perfil masónico destaca su calidad de Caballero Bienhechor de la Ciudad Santa (C.B.C.S.) del R.E.R., Caballero Príncipe Rosa Cruz del Rito Francés, Gran Maestro Emérito del Gran Priorato de Hispania, Obediencia Masónica y Caballeresca, practicante del sistema masónico conocido por Régimen Escocés Rectificado y de los Altos Grados del Rito Francés. Es conferenciante habitual de temas relacionados con la masonería y la tradición, la masonería cristiana y la historia de la masonería. Es autor de *Cuaderno de Trabajos: Clase Simbólica del Rito Escocés Rectificado* y *La Gran Profesión. Clase secreta del Rito Escocés Rectificado*. Coautor de *La maçoneria dels orígens al futur* y de *Conversaciones en el claustro*. Prologuista de la obra *La Justa i Perfecta Lògia TAU a l'Orient de Barcelona* y autor de múltiples artículos publicados en diferentes medios. Asimismo es traductor de gran cantidad de libros masónicos, entre los que destacan los *Cuadernos Verdes, 1, 2 y 3* del G.P.D.G.; *La francmasonería de Joseph de Maîstre, Jean-Baptiste Willermoz, su Obra* de Jean-François Var; *El esoterismo del grado de maestro escocés de San Andrés en el R.E.R.* de Roland Bermann, *El lenguaje secreto del blasón de Gerard de Sorval, La vía caballeresca y la iniciación real en la tradición cristiana* de Gerard de Sorval (prefacio de Jean Tourniac); *Ecce Homo* de Louis-Claude de Saint-Martin; *El hombre de deseo* de Louis-Claude de Saint-Martin; *René Guénon y el Rito Escocés Rectificado* de Jean-Marc Vivenza; *La vía del blason* – Pascal Gambirasio; *La tradición masónica*, de Robert Amadou; *Historia del Gran Priorato de las Galias*, de Jean-Marc Vivenza; *La francmasonería a la luz del Verbo. El Régimen Escocés Rectificado*, de Jean-François Var.

RENÉ GUÉNON, ¿IDEÓLOGO DE LA EXTREMA DERECHA?

Ramón Martí Blanco

Todo movimiento político o social ha de sustentarse en una ideología que nutre y alimenta su pensamiento y le da forma, si bien sería arriesgado afirmar en rotundidad la cuestión planteada en el titular, habida cuenta de la evolución experimentada por los movimientos y partidos de extrema derecha actuales, de marcado signo islamófobo, cuando Guénon murió en El Cairo en 1951, convertido al Islam y bajo el nombre de Abd al-Wâhid Yahyâ, pero sí que fue inspirador de otros aspectos del antimodernismo que caracteriza a la extrema derecha en general, como veremos más adelante.

El presente artículo, toma forma pues en un momento de auge y crecimiento de la extrema derecha a nivel europeo, mundial y de España en particular, como los que aquí vivimos podemos constatar.

RENÉ GUÉNON, ¿IDEÓLOGO DE LA EXTREMA DERECHA?

Si hablamos de Europa, donde parecería que el recuerdo de los desastres del nazismo y el fascismo son relativamente recientes, podemos constatar cómo la memoria colectiva ha olvidado por completo en Italia cuando en 1945 acabó con Mussolini, y no ha dudado en llevar hasta la cima a Giorgia Meloni representante de un partido de la extrema derecha.

Por echar un vistazo a Europa, podemos constatar como cinco Estados están gobernados por líderes o sustentados por partidos de ideología de extrema derecha:

- Italia: Fratelli d'Italia
- Polonia: PIS [Ley y Justicia], con Andrzej Duda
- Hungría: FIDESZ de Vícktor Orban
- Finlandia: SDP Partido Socialdemócrata de Finlandia
- Letonia: Jaunâ Vienotiba – Nueva Unidad

Por lo que respecta a Suecia, el actual gobierno aguanta con el apoyo del partido de extrema derecha Demócratas de Suecia. En Holanda Mark Rutte del partido de extrema derecha PPV (Partido por la Libertad) gobierna en coalición desde 2021. Sin contar en Francia la subida imparable y desacomplejada en los últimos años del Reagrupamiento Nacional de Marine Le Pen, que Sarkozy y el actual Macron tratan de frenar buenamente como pueden.

En España, diversas Comunidades autónomas están gobernadas por VOX, y el actual partido en la oposición, el Partido Popular, cuenta para mantenerse con el apoyo casi incondicional de Vox. Incluso en Catalunya, poco proclive a la extrema derecha, la ciudad de Ripoll está gobernada por Silvia Orriols de Aliança Catalana.

No es objeto de la presente reflexión, analizar los motivos que han llevado a los electores a dar su sufragio en todos los países en que la extrema derecha está triunfando, motivos que, muy probablemente habría que buscar en la incapacidad del resto de partidos políticos por ofrecer soluciones, y alternativas, cuya falta hace que los votantes miren con buenos ojos lo que años atrás, ni tan siquiera entraban a considerar.

Nos centraremos pues en el estudio de las razones que han permitido en «época de vacas flacas», para los partidos de extrema derecha, subsistir y alimentarse para poder aparecer luego en pleno esplendor, como perversión del propio sistema democrático (algunos de estos partidos tienen en su programa la supresión del sistema de partidos), volviendo aquí al estudio de las fuentes y el ideario del que sus miembros se han servido y nutrido a la espera de tiempos propicios.

Con esta inquietud, encontramos a Stéphane François, profesor de ciencias políticas en la Universidad de Mons (Bélgica) miembro del Grupo, Sociedades, Religiones y Laicidades (CNRS / Escuela Práctica de Altos Estudios, Francia), especialista en temas de derecha radical, ecología radical y contraculturas. De sus muchas aportaciones editadas y dedicadas al estudio de estos temas, escogimos dos, para proponerle una edición española:

Extrema derecha y esoterismo. Una pareja tóxica
(editorial SAPERE AUDE)
A la derecha de la Acacia ¿La naturaleza real de la francmasonería?
(editorial MASONICA)

Expediente de un antepasado
del autor de este artículo

Afortunadamente, el autor Stéphane François accedió amablemente a nuestra propuesta, y se tradujeron y editaron en el año 2022.

Es en base a estos dos títulos [junto a otro autor, editado también por el Grupo EntreAcacias], citando y entresacando, que hemos elaborado el presente texto.

Un aspecto que puede parecer sorprendente visto desde España, es la relación que Stéphane François establece entre esoterismo [de acuerdo a la descripción que él mismo hace en estos dos libros] extrema derecha y francmasonería, inconcebible a nuestros ojos que durante el franquismo tuvimos que sufrir la persecución (con encarcelamientos y fusilamientos incluidos) y el azote de un tribunal creado al efecto el: Tribunal Especial para la Represión de la Masonería y el Comunismo, reconvertido después en Tribunal del Orden Público y a partir de 1977 en la actual Audiencia Nacional.

El autor nos descifra a lo largo de sus dos libros los puntos convergentes del esoterismo, susceptibles de degenerar en radicalizaciones conducentes a la extrema derecha. No hay que olvidar que René Guénon, antes de su deriva al orientalismo fue martinista (Sar Palingenius 1908) y francmasón. Lejos que dichos posicionamientos puedan parecer cosa del siglo pasado en Masonería, resultan bien actuales, como fue el caso de la matanza de la isla de Utoya (Noruega) perpetrada en julio de 2011 en di-

cho lugar, cerca de Oslo, en que murieron 77 personas, la mayoría adolescentes, por Anders Behring Breivik, empresario de 32 años, luterano, actualmente encarcelado cumpliendo pena de 21 años en prisión.

Estando en la cárcel, se identificó a sí mismo como un fascista y nazista. En el 2015, dijo que nunca se consideró como cristiano, y llamó a su religión odinismo (movimiento descrito por Stéphane François[1]).

En el momento del múltiple asesinato, perpetrado con un fusil de asalto automático y una pistola, Behring, era masón, pasado V.M. de la logia de San Juan «San Olaf de las tres Columnas»

Anders Behring,
Pasado V.M.

[Losjen Sollene] de la Den Norske Frimurerorden, Gran Logia de Noruega del ámbito de la Regularidad anglosajona, con la que la Gran Logia de España mantiene un Tratado de amistad. La Gran Logia de Noruega se apresuró a expulsarlo en cuanto tuvo cuenta de su autoría en la matanza. Stéphane François no dice nada del noruego, pero probablemente sea porque cuando aparece en Francia en enero del 2012 *A la derecha de la*

---

[1] FRANÇOIS Stéphane, *Extrema Derecha y Esoterismo. Una pareja tóxica*, págs. 223, 260, 324.

RENÉ GUÉNON,
¿IDEÓLOGO DE LA EXTREMA DERECHA?

Acacia, el texto ya estaba escrito y entregado al editor [la matanza se produjo en julio del 2011]. Hay pues todavía, aquí y ahora, un peligro latente en el seno de la Masonería, a cuya evolución hay que estar atento, y no pensar que el antimasonismo que supuso el franquismo, tiene la masonería española vacunada contra la infección siempre latente y que puede degenerar a partir de un esoterismo malentendido.

Pero ¿qué es esoterismo? Stéphane François, preguntándoselo, precisa[2]:

> En la extrema derecha, o en lo que vendría a llamarse las «derechas radicales», existen diversas tendencias o corrientes ideológicas que están influenciadas por el esoterismo: puedo citar a la Nueva Derecha y su neopaganismo[3]; los antimodernos o la derecha subversiva italiana de los «años de plomo»[4] y su «Tradición» esotérica teorizada por el metafísico Julius Evola[5]; los fascismos y neofacismos y sus relaciones con la francmasonería[6]; el neonacismo y el «ocultismo nazi»[7], etc. No hablaré aquí de asuntos que podrían fácilmente disgustar, como las relaciones que hayan podido existir entre la francmasonería alemana y el nazismo, estudiadas por Didier Le Masson, las cuales merecerían ser conocidas mejor, y que explican a la vez su actual debilidad[8]. Por este hecho, ha existido y existen todavía movimientos evolucionando en los márgenes del neofacismo, como el

---

[2] En su Introducción de *Extrema Derecha y Esoterismo. Una pareja tóxica*, págs. 17, 18 y 19.

[3] Stéphane François, *Les Néo-paganismes et la Nouvelle Droite (1980-2006). Pour un autre approche*, Milan, Arché, 2008.

[4] *Cf.* Franco Ferraresi, «*L'extrême droite dans l'Italie de l'après-guerre*», Lignes, nº 4, octubre, 1988, págs. 162-180.

[5] Ver nuestro artículo «*Julius Evola, la race de l'esprit et le judaisme*», in Critica Masonica nº 6, mayo 2015.

[6] No hay que olvidar que, en efecto, el fascismo tuvo en un primer tiempo una acogida favorable en los medios masónicos italianos, por razón del anticlericalismo exhibido por el movimiento fascista. Además, la francmasonería italiana, heredera de los ideales del *Risorgimento*, era más bien nacionalista, lo que favorecía todavía más el acercamiento. Multitud de masones italianos fueron atraídos por el fascismo, creyendo que Mussolini restauraría la grandeza de Italia. Algunos de ellos, llegaron incluso a formar parte de los primeros fascistas, pero pronto se decepcionaron tras los Acuerdos de Letrán, firmados en febrero de 1929. A pesar de que la masonería fuera prohibida por el régimen desde 1925, esta tradición ha persistido después de la guerra en ciertas logias masónicas, ocultistas. Por otra parte, hay que tener presente que, en el otro campo, el Partido Socialista Italiano (PSI) prohibió a sus miembros, desde 1914, su pertenencia a la francmasonería. Romain Ducolombier, *Camarades! La naissance du parti communiste en France*, París, Perrin, 2010, pp. 266-267.

[7] Stéphane François, *Le Nazisme revisité. L'occultisme contre l'histoire*, París, Berg, 2008.

[8] Didier Le Masson, *La Franc-maçonnerie et le national-socialisme*, París, Dervy, 2005.

RENÉ GUÉNON,
¿IDEÓLOGO DE LA EXTREMA DERECHA?

«nacionalismo-revolucionario», y próximos al movimiento racial *völkisch*[9], organizaciones que mezclan el tradicionalismo esotérico con el corpus doctrinal de la derecha radical (nacionalismo europeo, antisemitismo, «ocultismo nazi», nordicismo, etnocentrismo, racialismo, ocultismo, etc.)[10], dando lugar a lo que Pierre-André Taguieff denomina un «nacionalismo de tipo espiritual-religioso»[11]. Sus mitologías políticas, irracionalistas, son pues fabricadas con diversas aportaciones surgidas a la vez de la política y de culturas religiosas minoritarias. Inversamente, existen también ocultistas que han sostenido, o que mantienen, un discurso extremista de derechas[12].

---

[9] Esta corriente es una forma de movimiento racial neopagano presente en Alemania y Austria durante la segunda mitad del siglo XIX. El término *völkisch* intraducible en castellano, lo es a menudo por «racista». La raíz *«volk»* significa «pueblo», pero su sentido va más allá de «popular», en una acepción congénitamente étnica. Puede ser entendida como nostalgia folclórica y racista de una prehistoria alemana ampliamente mitificada. Esta corriente abigarrada extrayendo sus referencias en el romanticismo, en el ocultismo, en las primeras doctrinas «alternativas» (medicinas, naturismo, vegetarianismo, etc) y finalmente en las doctrinas racistas. La reconstitución de un pasado germánico ampliamente mitificado ha alejado a los *völkisch* de las religiones monoteístas, tratando de recrear una religión pagana, puramente alemana. Sin embargo, según Armin Mohler, « no todos los *Völkischen* son antisemitas: estamos pensando en Friedrich Lienhard y en los amigos de Ratheau, Burte y Schwaner. Todo völkisch no tiene la raza como factor omni-determinante y todo racista *völkisch* no es tampoco antisemita. Numerosos *Völkischen* continúan siendo cristianos creyentes y no se relacionan con las instituciones «neo germánicas» y «paganas» de la «Fe alemana».» Finalmente, existen völkisch «políticos» sin tener en cuenta especulaciones religiosas o espirituales. Cf. Louis Dupeux, *Histore culturelle de l'Allemagne 1919-1960*, París, Presses Universitaires de France 1989, pp. 51-54 ; Francis Bertin, « Esotérisme et vision de la race dans le courant «völkisch» », Politica Hermetica nº 2, 1988, pp. 83-92 ; Armin Mohler, *La révolution conservatrice en Allemagne (1918-1932)*, Puiseaux, Pardès, 1993 ; Uwe Puschner, « Völkisch », in Pierre-André Taguieff (dir.), *Dictionnaire historique et critique du racisme*, París, Presses Universitaires de France, 2013, pp. 1874-1877. Remitimos así mismo al lector hacia el estudio de Sabine Doering-Manteuffel, *L'Occulte. Histoire d'un succès à l'ombre des Lumières. De Gutenberg au World Wide Web*, París, Éditions de la Maison des Sciences de l'Homme, 2011, en particular el capítulo titulado « Mundo primitivo y universo. El ocultismo nacional-populista en las teorías de la globalidad en el siglo XX», pp. 162-189 y 268.

[10] Stéphane François, *Des mondes à la dérive. Réflexions sur les liens entre l'ésotérisme et l'extrême droite*, Valence d'Albigeois, éditions de la Hutte, 2012.

[11] Pierre-André Taguieff, «*Julius Evola penseur de la décadence*. Una «Metafísica de la historia» en la perspectiva tradicional y la hiper crítica de la modernidad», *Politica Hermetica*, nº 1, 1987, p. 14.

[12] Cf. Christian Bouchet, *Occultisme*, Puiseaux, Pardès, 2000, pp. 98-109.

RENÉ GUÉNON,
¿IDEÓLOGO DE LA EXTREMA DERECHA?

Más adelante prosigue: «Una de las primeras cuestiones que uno se plantea ante este esoterismo de extrema derecha, es esta: ¿Por qué este interés? Generalmente, dicho cuestionamiento viene seguido de otra pregunta: ¿Cuáles son las manifestaciones de este esoterismo? Trataré de responder a estas preguntas en las siguientes páginas.»[13]

¿Qué es el esoterismo pues?, el autor nos responde en los siguientes términos: «El esoterismo es, como escribe Antoine Faivre, «Una nueva disciplina universitaria»[14]: dicha disciplina sólo obtuvo su legitimidad científica que entre 1950 y 1970. Debemos pues volver sobre esta noción y la circunstancia.[15] [...] Pero sobre todo, el contenido lexical de la palabra 'esoterismo' es débil. De igual modo, «no es tanto a su etimología a la que hay que preguntar, como a su función, que es la de evocar un manojo de actitudes, un conjunto de discursos».

En cualquier caso, el autor establece un criterio, siguiendo a Faivre: «La más célebre de estas criteriologías es la de Antoine Faivre. Este prominente académico ha definido seis características fundamentales del esoterismo, de las que las cuatro primeras son intrínsecas, es decir, que su presencia simultánea es una condición necesaria y suficiente para definir el esoterismo. Las quinta y sexta características son por el contrario *secundarias*, es decir, *no fundamentales*»:

1. *La teoría de las correspondencias* que existirían «entre todas las partes del universo visible e invisible»: «Lo de arriba es como lo de abajo; lo de abajo es como lo de arriba...», correspondencia entre microcosmo y macrocosmo, entre mundo visible e invisible («principio de interdependencia universal» heredado de la Antigüedad), y también entre las partes del mundo visible: la naturaleza («el cosmos»);

2. *La idea que la naturaleza es un ser viviente* que se representa hoy bajo el nombre de «hipótesis de Gaïa». Propagada sobre todo por el científico

---

[13] FRANÇOIS Stéphane, *Extrema Derecha y Esoterismo. Una pareja tóxica*, pág. 20.

[14] Antoine Faivre, «Une discipline universitaire nouvelle : l'ésoterisme », *in* Jean-Baptiste Plantin (dir.). *Le Défi magique*, vol. I (*Ésotérisme, Occultisme, Spiritisme*), Lyon, Presses Universitaires de Lyon, 1994, p. 35. Ver también, Wouter Hanegraaff, «Introduction : the birth of a discipline», in Antoine Faivre y Wouter Hanegraaff (dir.), *Western Esotericism and the Science of Religion*, Leuven, Peteers, 1998.

[15] FRANÇOIS Stéphane, *Extrema Derecha y Esoterismo. Una pareja tóxica*, pág. 37.

James Lovelock, esta hipótesis tiene en realidad una larga tradición en la *Naturfilosofía* de tipo esotérico;

3. *La importancia atribuida a la imaginación y a las meditaciones de los seres sobrenaturales* tales como los ángeles o los espíritus; manifestándose el esoterismo en lo que Heny Corbin (1903-1978) ha denominado el *mundus imaginalis;*

4. *La teoría y la experiencia de la transmutación* según la cual el ser humano puede transformarse en algo de superior y diferente. Según Faivre, «si no consideramos como un componente esencial la experiencia de la transmutación, lo que aquí evocamos no iría mucho más allá de los límites de una forma de espiritualidad especulativa», mientras que el esoterismo ha tenido siempre un aspecto práctico;

5. *«La práctica de la concordancia»*, que quiere encontrar denominadores comunes, a menudo bajo la forma de una *philosophia perennis*, entre ciertas tradiciones o incluso entre todas las tradiciones que están a menudo en búsqueda de una *Tradición primordial;* y finalmente,

6. *La idea de la transmisión ininterrumpida de un saber esotérico a través de los siglos*, por filiación «regular» o por «iniciación» de maestro a discípulo[16].

Sin embargo, [...] «Estos dos últimos puntos, a diferencia de los cuatro elementos constitutivos definidos por Faivre, son considerados por los esoteristas como primordiales.»[17]

Con todo, no siempre la masonería ha sido considerada como cauce de una visión tradicional del mundo. Ha existido también un sentimiento antimasónico por parte de la extrema derecha. El autor lo apunta así[18]:

En los años 1930, la idea de la subversión masónica ya fue utilizada por Julius Evola del que ya hemos hablado en *Critica Masonica*[19]. Evola veía en ésta una creación moderna *ex nihilo* y no la persistencia de una tradición inmemorial y se oponía por consecuencia a René Guénon, el cual consideraba por su parte a la francmasonería especulativa como heredera, ciertamente degenerada, de la francmasonería medieval. Evola integró en

---

[16] Antoine Faivre, *L'Ésoterisme*, París, Presses Universitaires de France, « Que sais-je ? », 1993 (2ª edición corregida), pp. 14-22.
[17] FRANÇOIS Stéphane, *Extrema Derecha y Esoterismo. Una pareja tóxica*, págs. 41-42.
[18] *Ibid.* pág. 141.
[19] «Evola, l'antisemitisme et l'antimaçonnisme», *Critica Masonica*, nº 6, 2015, pp. 103-122.

su pensamiento antimoderno elementos conspiracionistas surgidos de las tesis antisemitas y contra revolucionarias de autores tales como Emmanuel Malynski y Léon de Poncins, en particular del libro *La Gran conspiración* de Emmanuel Malynski, del que Léon de Poncins consignó una versión abreviada bajo el título *La Guerra oculta. Judíos y Francmasones a la conquista del mundo*,[20] obra que Evola tradujo y prologó[21]. En sus artículos, se inclinaba sobre la noción de «guerra oculta», es decir, la guerra propiciada por las sociedades secretas, en particular por la francmasonería, y por los judíos en contra de la tradición, y analizando la acción de estos últimos desde el prisma de la «contra iniciación».[22]

GUÉNON Y LA «VERDADERA MASONERÍA»

Stéphane François, además de establecer un criterio por el que regirse al manejar la noción de *esoterismo* desde el academicismo universitario del profesor Antoine Faivre, noción no compartida por otros autores, ajenos tanto a Guénon como a las múltiples interpretaciones que hacen de dicha noción un tremendo *cajón de sastre* en el que cabe casi cualquier tipo de interpretación, refiriéndonos en concreto a un *autor de la casa* Pascal Gambirasio d'Asseux, que desde el cristianismo defiende y define un esoterismo tan alejado de Faivre como de Guénon y que expone en sus obras[23], distinguiendo la manera de entender la iniciación y su esoterismo en las tradiciones no-cristianas, que lo relacionan con un conocimiento del que no disponen, los no-iniciados o vulgo y en la religión cristiana que tiene también su esoterismo pero manifestado y al alcance de todo el

---

[20] Emmanuel Malynski et Léon de Poncins, *La Guerre oculte. Juifs et Franc-Maçons à la conquete du monde*, París, Gabriel Beauchesne, 1936.

[21] Emmanuel Malynski et Léon de Poncins, *La Guerra occulta. Ebrei e massoni alla conquista del mondo*, Hoepli, Milano, 1939.

[22] Ver al respecto, Julius Evola, «Sur la contre-initiation», *Ur & Krur. Introducción a la Magia*, t. III, Milan, Archè, 1986, pp. 209-224.

[23] GAMBIRASIO d'ASSEUX, Pascal – *EL HOMBRE DE LUZ La construcción el Cuerpo de gloria: claves cristianas* DELFOS 2022 – *REALIZACIÓN INICIÁTICA y Misterio cristiano* MASONICA 2021 – *CAMINOS DEL CRISTIANISMO Venid y lo veréis* DELFOS 2022, Grupo EntreAcacias (Oviedo).

mundo, gracias a la Revelación de Cristo, que a pesar de tenerlo allí, la mayoría no sepa verlo.

Nos dice el autor Stéphane François:

> Uno de los puntos de encuentro entre la extrema derecha y la francmasonería se sitúa en torno a René Guénon y su recurso a la «Tradición». Este último, en oposición a un Evola que considera a la francmasonería como «antitradicional», veía en la francmasonería uno de los últimos vectores de la «Tradición» occidental. Según él, la francmasonería podría valerse de un origen «tradicional» auténtico y de una transmisión iniciática real, por bien que habría degenerado en lo sucesivo, bajo la influencia de los pastores protestantes creadores de la masonería moderna, James Anderson y Jean-Théophile Désaguliers. En esta línea, Guénon no duda en escribir que «la verdadera regularidad reside esencialmente en la ortodoxia masónica; y esta ortodoxia consiste ante todo en seguir fielmente la tradición...»[24] En diversos textos ha afirmado «la filiación existente entre la masonería moderna, especulativa, y la masonería antigua, medieval y operativa. Mejor aún, ha hecho de esta continuidad institucional –aunque sea sutilmente descubrible [...] la condición *sine qua non* de la legitimidad tradicional y de la regularidad iniciática de la masonería.»[25] Esta idea de «Tradición» inmemorial seduce a una franja de la extrema derecha que va de los «tradicionalistas-revolucionarios» a los nacionalistas revolucionarios, pasando por antiguos componentes de la Nueva Derecha [en Francia][26].

Más adelante, y en la misma obra *Extrema Derecha y Esoterismo*, el autor nos relata el caso de un antiguo miembro de la Nueva Derecha en Francia, dirigente hoy de una concurrida obediencia masónica en el país vecino:

---

[24] Citado in Jean-Pierre Laurant, «Avant-propos» *in* René Le Forestier, *L'Occultisme et la franc-maçonnerie écossaise*, Milan, Archè, 1987, p. VIII.

[25] Roger Dachez, «René Guénon et les origines de la franc-maçonnerie. Les limites d'un regard», *in* Jean-Pierre Brach et Jérôme Rousse-Lacordaire (dir.), *Études d'histoire de l'ésotérisme. Mélange offert à Jean-Pierre Laurant pour son soixante-dixième anniversaire*, Paris, Éditions du Cerf, 2007, p. 187.

[26] Participando de distintas discusiones, una vez la confianza establecida, he sabido gracias a antiguos miembros de la neo-derecha de su pertenencia a logias de diferentes obediencias. Por este hecho, no daré ni nombres, ni logias, con el fin de no poner a estas personas en una situación comprometida.

RENÉ GUÉNON,
¿IDEÓLOGO DE LA EXTREMA DERECHA?

Finalmente, la francmasonería atrae también a católicos intransigentes, en despecho del rechazo general de la masonería en medios católicos. Estos masones, de una especie particular, se sitúan tras la filiación del pensador contra revolucionario y católico intransigente Joseph de Maistre. [...] En 1810 lamentaba no haber podido aceptar la invitación de una logia rusa. Era también miembro de sociedades iniciáticas masónicas y paramasónicas cristianas, en particular de la Orden de los Elegidos Coen, fundada por Martinès de Pasqually[27].

De hecho, Maistre defendía una francmasonería religiosa en contraposición a una francmasonería racionalista, modernista. Esta francmasonería espiritual sería, según él, mucho más antigua y respetable que la masonería moderna, que tan solo sería una rama divergente corrompida. En este sentido, Maistre desarrolla una concepción de la masonería opuesta a la de Augustin Barruel. Esta francmasonería espiritual y casi inmemorial tendría una posteridad: volvemos a encontrar esta idea en René Guénon. De hecho, es frecuente ver guenonianos próximos a la extrema derecha hacerse masones y abandonar después su guenonismo en favor de un iluminismo influenciado por Maistre.

Tal es el caso, por ejemplo, de Jean-Marc Vivenza, que es un personaje interesante: fue miembro de la Tercera Vía, un grupúsculo nacionalista revolucionario, dirigido por Jean-Gilles Malliarakis, más tarde cuando la escisión de los radicales, se unió a Nueva Resistencia de Christian Bouchet, del que llegó a ser su brazo derecho, mostrándose gran aficionado de las tesis esotéricas y ocultistas. Fue igualmente compañero de viaje de Siner-

---

[27] Martinès de Pasqually fue el principal inventor de la francmasonería ocultista. Participando de la actividad de diversas logias jacobitas, decidirá crear su propia organización, la Orden de los Elegidos Coen, un sistema teosófico que se injerta rápidamente en la francmasonería. Esta Orden conoce un éxito creciente y al poco tiempo cuenta con 13 logias en funcionamiento. Su contenido teórico estaba marcado por la cábala hebraica y el misticismo cristiano: su objetivo era en efecto el de recuperar el estado adánico anterior al pecado original. Para alcanzar este objetivo, proponía una serie de prácticas a la vez de tipo higiénico (ayunos, ejercicios respiratorios), morales (estricta fidelidad conyugal) y mágicas (teúrgia) que eran demandadas al interesado. A la muerte de Pasqually, sus tesis fueron difundidas por dos discípulos: Louis-Claude de Saint-Martin y Jean-Baptiste Willermoz. Estos aportaron modificaciones a las prácticas martinesistas, como la conversación con la «voz interior», la introspección y la espiritualidad (Saint-Martin). Willermoz, por su parte, hizo fusionar el martinesismo con los ritos masónicos templarios alemanes, la Estricta Observancia Templaria. El resultado de esta fusión dio lugar a la Orden de los Caballeros Bienhechores de la Ciudad Santa, grado final del régimen y del rito Escocés Rectificado. Willermoz estuvo también en el comienzo del mito del origen egipcio de la masonería.

gia Europea, una estructura nacionalista revolucionaria y *völkisch* fundada por el antiguo miembro de la neo-derecha belga Robert Steuckers[28]. Después de haber sido nacionalista revolucionario y futurista, se interesó por el esoterismo y se convirtió en guenoniano y francmasón. Gracias al descubrimiento de Martinès de Pasqually, se hizo iluminista, abandonando su guenonismo. A pesar de todo, Vivenza ha continuado conservando vínculos con estos medios, habiendo publicado cuatro libros con Pardès: uno sobre Maistre[29], un segundo sobre Saint-Martin[30], un tercero sobre Böhme[31] y finalmente un cuarto sobre la Rosa-cruz[32].

Si la francmasonería es globalmente rechazada por la extrema derecha, en su acepción genérica, resulta sin embargo imposible considerar esta corriente política en su integralidad como antimasónica. En efecto, existen vínculos entre francmasonería y la derecha radical, como acabamos de ver. Este interés por la francmasonería llega a ser del gusto de ciertos de sus militantes, teóricos o enmarcados por el esoterismo, en particular en su variante guenoniana o igualmente interesados por la magia y la masonería marginal.

GUÉNON, UN PENSAMIENTO REACCIONARIO

Para Stéphane François, en su obra *A la derecha de la Acacia*, refiriéndose a Guénon afirma «[...] su pensamiento, ha quedado marcado sobre todo por el ocultismo, que frecuentó durante largo tiempo[33], incluido después de su supuesta ruptura[34] con el mismo, y por una concepción religiosa del mundo. [...] Sin embargo, una vez dicho esto, conviene tener

---

[28] Sobre la historia de los nacionalistas revolucionarios franceses, ver Nicolas Lebourg, *Le Monde vu de la plus extrême droite. Du fascisme au nationalisme-révolutionnaire*, Perpignan, Presses Universitaires de Perpignan, 2010.

[29] Jean-Marc Vivenza, *Maistre*, Puiseaux, Pardès, « Qui suis-je ? », 2003.

[30] Jean-Marc Vivenza, *Saint-Martin*, Puiseaux, Pardès, « Qui suis-je ? », 2003.

[31] Jean-Marc Vivenza, *Böhme*, Grez-sur-Loing, Pardès, « Qui suis-je ? », 2005.

[32] Jean-Marc Vivenza, *Rose-croix*, Grez-sur-Loing, Pardès, « B.A.-BA », 2005.

[33] Con por ejemplo, los siguientes libros: René Guénon, *Théosophisme, Histoire d'une pseudo-religion*, París, Éditions traditonnelles, 1982 (1921); René Guénon, *L'Erreur spirite*, París, Éditions Traditionnelles, 1981 (1923).

[34] Ver el contenido de El *Rey del mundo Le Roi du monde*, París, C. Bosse, 1927.

RENÉ GUÉNON,
¿IDEÓLOGO DE LA EXTREMA DERECHA?

en mente que la ideologización del pensamiento de éste es peligroso: «Una lectura política de la obra de Guénon sería a la vez ilegítima e ilusoria», según Jean-Pierre Laurant[35] mientras que Jean-Pierre Brach estima que «Todo lector, incluso superficial, de René Guénon se da cuenta con bastante rapidez que éste no ha dejado textos políticos, propiamente hablando»[36]. A pesar de todo, podemos ver en los textos del esoterista una visión del mundo organicista y antidemocrática. [...]

[...] Por nuestra parte, nos interesaremos aquí sobre tres temáticas importantes: Primeramente, en una concepción antihistórica de la historia; en segundo lugar, una concepción antidemocrática de la sociedad; y en tercer lugar, un pensamiento anticientífico.

El sistema guenoniano es una construcción intelectual que rechaza la ciencia histórica. Se remite a la idea de la existencia de una tradición única, «primordial» según él, o sea, anterior a todas las tradiciones locales. Se presenta también como una doctrina metafísica, supra humana inmemorial, surgida del conocimiento de los principios últimos, invariables y universales.

El historiador de las ideas puede sacar a la luz una genealogía intelectual. Este discurso apareció durante el Renacimiento italiano. Esta idea de la *philosophia perennis*, presente en el discurso de Marcilio Ficino, ha sido enormemente transformada por René Guénon para englobar en ella todas las tradiciones y religiones de la humanidad. En este sentido, Guénon se inscribe en una filiación intelectual esotérica en la que se incluyen autores como el teósofo Édouard Schuré, autor de los *Grandes iniciados*, publicado en 1889, y el neo cátaro Déodat Roché[37]. No obstante, la pala-

---

[35] Jean-Pierre Laurant, « *Lectures de quelques textes « politiques » de René Guénon* », Politica Hermetica, nº 1, 1987, p. 72.

[36] Jean-Pierre Brach, « *Métaphysique et politique chez René Guénon* », Politica Hermetica, nº 1, 1987, p. 5.

[37] Según Mark Sedgwick, el «neo cátaro» Déodat Roché ha desarrollado algunos años antes que René Guénon la idea según la cual la Tradición se opone a la modernidad científica y filosófica. René Guénon ha reconocido en su primer artículo realmente tradicionalista, «La religión et les religions», aparecido en *La Gnose* (una reactivación de *La Gnose moderne*, la revista de dos miembros de la Iglesia gnóstica, Déodat Roché y Louis-Sophrone Fugairon), su deuda, la influencia de Pouvourville así como la influencia de las discusiones en el seno de la Iglesia gnóstica, una estructura esotérica fundada por Jules Doinel, y de la que Guénon formó parte entre 1908 y 1911. http://traditionalistblog.blogpost.com/. Consultado el 5 de agosto de 2009.

bra «Tradición» en el sentido esotérico del término tiene su aparición, bajo la influencia de la Sociedad Teosófica para «designar una *philosophia perennis* ampliada a la dimensión de todo el universo espiritual de la humanidad»[38]. René Guénon pues, no hace más que retomar esta filiación, enmascarando el origen, pero sin embargo, reordenándola. Afirmaba de este modo, la existencia de una «Tradición primordial», de la que todas las corrientes esotéricas, francmasonería incluida, y tradiciones religiosas en general, tan solo serían formas degradadas más o menos reconocibles. Esta distinción aparecía en su obra hacia 1920, luego después de su supuesta ruptura con los medios ocultistas. Según él, «la tradición primordial es la fuente primera y el fondo común de todas las formas tradicionales particulares, y que proceden por adaptación a las condiciones especiales de tal pueblo o tal época[39]».

Si esta aproximación [*en relación al pensamiento anticientífico*] ha conocido sus horas de gloria a comienzos del siglo XIX, la misma es apisonada a finales de este miso siglo. Así, hacia 1891, Goblet d'Alviella, en su *La Migration des symbols*, afirma lo siguiente: «Todas estas teorías, después de haber cautivado en un primer tiempo las opiniones, se han ido degradando lentamente bajo múltiples desmentidos que les infligieron los nuevos descubrimientos de arqueología, etnografía y lingüística de la historia»[40]. La cientificidad del método tradicional ha sido muy ampliamente contestado por especialistas de la historia de las religiones: las pruebas son escasas e inciertas y no son explicaciones científicas. Se pretende universal a partir de un puñado de mitos artificialmente reagrupados bajo el apelativo de Tradición. El método tradicional, sólo selecciona en efecto, que los puntos de concordancia existentes, sacrificando y dejando de lado los elementos divergentes: selecciona por consecuencia, únicamente el más pequeño denominador común de tradiciones alejadas en el tiempo y el espacio, siendo consideradas las diferencias, por solución de facilidad, como degradaciones debidas a evoluciones divergentes de un mismo tronco. Por último, hay que tener en cuenta el hecho que, la religión es un

---

[38] Antoine Faivre «Tradition», *in* Jean Servier (dir.), *Dictionnaire critique de l'ésotérime*, París, PUF, 1998, p. 1314.
[39] René Guénon, *Études sur l'hindouisme*, París, Éditions traditionnelles, 1966, p. 112.
[40] *Ibid.*, p. 7.

RENÉ GUÉNON,
¿IDEÓLOGO DE LA EXTREMA DERECHA?

falso objeto natural que agrega elementos muy diferentes (ritualismo, libros sagrados, secularización, emociones diversas, etc.) que, en otras épocas, eran ventilados en prácticas muy distintas y objetivadas por éstas bajo aspectos muy diferentes.

Paralelamente a su contenido esotérico, el término «tradicionalismo» posee una ambigüedad política, que lo remite corrientemente a la noción de tradicionalismo político, como los contra revolucionarios o los tradicionalistas católicos próximos a monseñor Marcel Lefebvre. En efecto, el fundamento del tradicionalismo guenoniano es la incompatibilidad entre «tradición» y «modernidad». Para Antoine Faivre, se trata incluso de un punto constitutivo de la doctrina tradicional[41]. Esta ambigüedad puede encontrarse en Guénon desde sus primeros textos. Todos sus lectores honestos reconocen esta idea en él: rechaza el mundo salido de la Ilustración y la Revolución francesa, así como toda cultura occidental moderna. Así, la voluntad de transparencia de las sociedades modernas, participa según él, de la decadencia, de la contra iniciación[42]. Rechaza de igual modo, violentamente, la secularización del mundo, en particular la del mundo occidental, buscando en un Oriente ampliamente idealizado, a civilizaciones permanecidas en su estado tradicional: la India[43] y el mundo árabe-musulmán. René Guénon ha contribuido igualmente, a finales del siglo XIX, a la ruptura entre el esoterismo y el progresismo de izquierda y las ideas socialistas. Efectivamente, sus primeros escritos eran «antidemocráticos y antisocialistas»[44]. Luego después, su discurso se desplazó: se puso a criticar el tecnicismo de las sociedades occidentales[45]. [...]

Para terminar, según Stéphane François: [...] Guénon consideraba al «mundo moderno», es decir al mundo salido de la Revolución francesa, como esencialmente subversivo y profundamente decadente. En este tipo

---

[41] *Ibid.*, p. 68.
[42] René Guénon, *Le Règne de la quantité et les signes des temps*, París, Gallimard, 1972, en particular el capítulo titulado « La haine du secret », págs. 85-90.
[43] Michel Hulin, «L'Inde comme lieu des figures de l'Autre », *in* Michel Hulin y Christine Maillard (dir.), *L'Inde inspiratrice. Réception de l'Inde en France et en Allemagne (XIXᵉ et XXᵉ siècles)* Estrasburgo, Presses Universitaires de Strasbourg, 1996, p. 20.
[44] Jean-Pierre Laurant, René Guénon. *Les enjeux d'une lecture*, París, Dervy, 2006, págs. 374-375.
[45] Ver el capítulo VIII «Métiers anciens et industrie moderne», René Guénon, *Le Regne de la quantité et ls signes des temps*, op. cit., págs. 59-65.

de discurso, la modernidad deviene una evolución aberrante, una involución, de la «Tradición primodial». En efecto, Guénon sostiene que existe «un largo declive del espíritu desde la Revelación primordial»[46]. Radical, veía el origen de dicho declive en la aparición del humanismo, en el Renacimiento. Esta temática de la decadencia, en el corazón de su obra, aparece por vez primera en 1927, en *La Crisis del mundo moderno*[47]. De hecho, el pensamiento de Guénon estuvo influenciado por el de Joseph de Maistre, como han demostrado los historiadores Victor Nguyen y Piero Di Vona[48] y el de extrema derecha Jean-Marc Vivenza[49]. […]

Concluyendo este paseo por las dos obras del profesor y especialista en temas de derecha radical Stéphane François: «EXTREMA DERECHA Y ESOTERISMO *Una pareja tóxica*» y «A LA DERECHA DE LA ACACIA *¿La naturaleza real de la francmasonería?*», teniendo como protagonista – no exhaustivo– el pensamiento de René Guénon, ponemos de relieve la importancia por parte de los dirigentes de las Instituciones masónicas, particularmente españolas o del ámbito hispano, de estar atentos a la evolución de ciertas tendencias al interior de las logias, que puedan llevar tras quiméricos posicionamientos de personajes tales como Martinès de Pasqually, y otros enumerados en las dos obras referenciadas, con trágicos resultados como hemos podido ver más arriba. ♠

---

[46] Jean-Pierre Laurant, *René Guénon, op. cit.*, p. 15.

[47] René Guénon, *La Crise du monde moderne*, París, Gallimard, Folio Essais, 2001.

[48] Victor Nguyen, «Maistre, Maurras, Guénon: contre-révolution et contre-culture, *in* Pierre-Marie Sigaud (dir.), René Guénon, Lausanne, L'Âge d'Homme, 1984, págs. 175-191. Ver también Piero Di Vona, *Evola e Guénon. Tradizione e Civilta*, Nápoles, Società Editrice Napolitana, 1985, p. 34.

[49] Jean-Marc Vivenza, *Maistre*, Puiseaux, Pardès, 2003, p. 118.

Ramón Martí Blanco

CUADERNO DE TRABAJOS

CLASE SIMBÓLICA DEL
RITO ESCOCÉS RECTIFICADO

masonica.es

Esta obra es una recopilación de trabajos («planchas» en el léxico masónico), fruto de una vivencia masónica de más de treinta años del propio autor y de otros autores que éste ha tutelado, sobre diversos temas clásicos en el ámbito masónico y sobre simbología masónica –o no– tratados desde la óptica particular de la masonería cristiana que le es propia al Régimen Escocés Rectificado, que es tanto como decir a la luz del Evangelio –otra luz que la de la razón–, noción ésta que puede sorprender a no pocos masones y a muchos curiosos poco informados acerca de la masonería tradicional.

Alfonso Marcuello es profesor de Filosofía de Bachillerato. Máster en Ciencias de las Religiones por la Universidad Complutense de Madrid y Postgrado en Simbología por la Universidad de Barcelona. Estudioso de la tradición esotérica e iniciática occidental y de las filosofías orientales. Maestro masón, fue iniciado en una logia del R.E.A.A. y ha trabajado también el R.E.R. y la masonería egipcia. Como autor, ha colaborado en la revista *Cultura Masónica* con varios artículos: «El grado masónico de Caballero del Sol: simbolismo y práctica alquímica» (n.º 37); «Una perspectiva masónica sobre el arte sagrado: Angkor Wat» (n.º 35); «La alienación del ser humano en el marxismo y en la masonería» (n.º 34); «René Guénon: masonería y tradición» (n.º 24 y 30); «Louis-Claude de Saint-Martin: ¿francmasón y martinista?» (n.º 23). Ha traducido también dos obras publicadas por MASONICA de las llamadas «filosofías del despertar»: *Práctica de las vías del despertar*, de Alain Blandin y *La francmasonería como vía del despertar*, de Rémi Boyer.

LA METAFÍSICA DE
RENÉ GUÉNON
EN SUS TEXTOS

Alfonso Marcuello

En los ambientes masónicos René Guénon (1886-1951) es fundamentalmente conocido por su contribución al estudio del simbolismo y de la iniciación y por sus posiciones tradicionales y sus críticas del mundo moderno. En este sentido, su obra ha sido muy polémica, suscitando adhesiones entusiastas y rechazos vehementes. Podría decirse, no obstante, que sus puntos de vista, aceptados o combatidos, supusieron en la primera mitad del siglo XX un revulsivo para el renacimiento de los estudios esotéricos en general y de las organizaciones iniciáticas en particular, incluida evidentemente la masonería. Sin embargo, la base del pensamiento de Guénon es de naturaleza metafísica y este *saber primordial* o *filosofía perenne* –término utilizado por Leibniz y popularizado posteriormente por Aldoux Huxley– impregna todas sus obras, pero se manifiesta de forma especial en *Introducción general al estudio de las doctrinas hindúes (1921)*, *El hombre y su devenir según el Vedanta (1925)*, *El simbolismo de la cruz (1931)*, *La metafísica oriental(1939)* y, sobre todo, en *Los estados múltiples del Ser (1932)*, obra exclusivamente consagrada a la exposición de lo que podría llamarse «metafísica integral».

Cuando se habla de «metafísica de Guénon» hay que aclarar, no obstante, que nuestro autor siempre negó que en sus obras se dedicara a exponer ideas propias, al estilo de los filósofos occidentales, que se afanan en construir sistemas personales que se enfrentan y anulan entre sí y en los que la misma noción de verdad desaparece. En este sentido, Guénon afirma categóricamente haberse limitado a exponer ideas tradicionales presentes en todas las grandes civilizaciones del pasado, aunque privilegiando la que quizás es la más antigua de nuestro ciclo histórico, es decir la tradición hindú.

LA METAFÍSICA: CONCEPTOS ESENCIALES

Para Guénon la metafísica es una porque la verdad es una. Y de la misma manera que no puede haber más que un único Principio, es imposible también imaginar una pluralidad de doctrinas en el dominio metafísico. Esta es, según Guénon, la primera consideración que hay que tener en cuenta en este ámbito del conocimiento. Así pues, no se puede hablar de «metafísica oriental» o de «metafísica occidental», puesto que sólo existe una verdad intangible e inmutable, que no depende de consideraciones geográficas o de otras circunstancias:

> Verdaderamente, la metafísica pura, al estar por esencia fuera y más allá de todas las formas y todas las contingencias, no es ni oriental ni occidental: es universal. Son sólo las formas exteriores que reviste por necesidades de una exposición, para expresar lo que de ella puede ser expresado, son sólo estas formas las que pueden ser, ya sea orientales, ya sea occidentales; pero, desde su diversidad, en todas partes y siempre se encuentra un fondo idéntico; en todas partes; al menos donde haya metafísica verdadera, y ello por la sencilla razón de que la verdad es una.[1]

Esta unidad metafísica y esta unidad de la verdad participan en el mismo fundamento, en el mismo Principio, y tienen como tarea esencial proporcionar el conocimiento teórico y la comprensión de los elementos

---

[1] R. Guénon, *La metafísica oriental*, Obelisco, Barcelona, 1995, p. 7.

doctrinales necesarios para que el ser humano alcance una «realización» por participación en dicho Principio supremo.

En cuanto a la definición de la metafísica, es una tarea propiamente imposible porque no se puede definir lo que por naturaleza escapa a toda definición, lo que no se deja encerrar en fórmulas y está más allá de toda expresión, al ocuparse del conocimiento universal de los primeros principios. Ante tal imposibilidad, y constatando que no todo el mundo la entiende de la misma forma, Guénon prefiere rescatar su significación primitiva y etimológica, que deriva, como es sabido, de Andrónico de Rodas, que utilizó el término para referirse a la «filosofía primera» de Aristóteles:

> De acuerdo a su composición, la palabra «metafísica» significa literalmente «más allá de la física», tomando «física» en la acepción que este término tenía siempre para los antiguos, la de «ciencia de la naturaleza» en toda su amplitud. La física es el estudio de todo lo que pertenece al ámbito de la naturaleza; lo que concierne a la metafísica es lo que está más allá de la naturaleza.[2]

Este estar más allá de la naturaleza hace de la metafísica un conocimiento literalmente sobrenatural:

> ¿Tomamos, pues, «metafísica» como un sinónimo de «sobrenatural»? Aceptaríamos de buen grado tal equiparación ya que, mientras no se supere la naturaleza, es decir, el mundo manifestado en toda su extensión (y no únicamente el mundo sensible que no es más que un elemento infinitesimal) se está todavía en el dominio de la física; lo que es la metafísica, ya lo hemos dicho, es lo que está más allá y por encima de la naturaleza; así, pues, es propiamente lo «sobrenatural»[3].

La metafísica, por lo tanto, sobrepasa el estudio descriptivo de la realidad fenomenal, de la naturaleza, del mundo manifestado. Para Guénon, el conocimiento supremo no es un conocimiento de «lo que es», sino «de lo que está más allá de lo que es». Un conocimiento que supera el nivel simplemente existencial u ontológico. Es más, este nivel mundano, concreto, obstruye, oculta la posibilidad de acceder a la contemplación del Principio supremo. Para superarlo se impone una «ascesis espiritual», una purificación que libere de las ataduras que someten al espíritu.

---

[2] Ibid., p. 11.
[3] Ibid. pp. 13-14.

LA METAFÍSICA DE RENÉ GUÉNON EN SUS TEXTOS

Al estar su objeto más allá de la naturaleza, la metafísica no tiene nada que ver con ninguna «experiencia», contrariamente a lo que es propio de todas las ciencias:

> El dominio de cualquier ciencia depende siempre de la experiencia, mientras que el de la metafísica abarca aquello donde no hay experiencia posible: como está «más allá de la física», nosotros estamos también, por eso mismo, más allá de la experiencia.[4]

Exenta del cambio que caracteriza a la naturaleza, la metafísica es estable, inmutable. Es contraria también a cualquier perspectiva histórica, que se caracteriza por la evolución y la modificación.

¿Cómo abordar el estudio de un saber que supera el dominio de los conocimientos ordinarios, que parece inaccesible con los métodos convencionales? Para Guénon,

> Las concepciones metafísicas no son nunca totalmente expresables, ni siquiera imaginables, y su esencia no puede alcanzarse más que por la inteligencia pura y no formal; superan a todas las formas posibles, y especialmente a las del lenguaje, que tienden a restringirlas y por tanto a desnaturalizarlas. Estas fórmulas, como todos los símbolos, sólo sirven de punto de partida, de sostén, por decirlo así, para ayudar a concebir lo en sí inexpresable, y cada uno debe esforzarse por conseguirlo en la medida de su capacidad intelectual, supliendo las imperfecciones de la expresión formal y limitada.[5]

Se trata, pues, de una empresa difícil, que se enfrenta al ámbito de lo inefable, de lo inexpresable y que sólo tiene posibilidades de éxito si utiliza el aspecto superior de la inteligencia, tomando como soporte las diversas formas simbólicas.

De acuerdo con todo lo anterior, debe quedar claro que, para Guénon, en el conocimiento metafísico no hay distinción entre el sujeto cognoscente y el objeto conocido. Porque si la metafísica no es propiamente un objeto de conocimiento, de la misma manera, tampoco es posible hacer un medio de este conocimiento porque, precisamente, «*este medio debe ser*

---

[4] R. Guénon, *Introducción general al estudio de las doctrinas hindúes*, ed. Losada, Madrid, 2004, p. 95.
[5] Ibid., pp. 97-98.

uno con el conocimiento mismo, en el que el sujeto y el objeto se hallan esencialmente unificados». [6]

Esta no diferenciación sujeto-objeto pone de manifiesto que la metafísica no hace uso de la razón discursiva, el medio eminente de la reflexión individual. Nos encontramos aquí en un orden supra-individual, supra-racional, intuitivo, pero de una intuición que no es la intuición sensible mencionada por los filósofos occidentales modernos, sino una facultad de conocimiento propiamente metafísico que Guénon llama intuición intelectual o trascendente:

> Llamaremos pues a esta facultad la intuición intelectual, cuya existencia ha negado la filosofía moderna, bien porque no la comprendía o bien porque ha preferido ignorarla sin más; se la puede designar también como el intelecto puro, siguiendo el ejemplo de Aristóteles y sus continuadores escolásticos, para quienes el intelecto es lo que posee inmediatamente el conocimiento de los principios. [7]

Guénon cita los *Últimos analíticos* de Aristóteles como refuerzo de sus tesis. [8] Efectivamente, Aristóteles había allí afirmado que el *nous* –intelecto– es más verdadero que la *episteme* –ciencia–. Juntos forman la *sophia* – sabiduría– pero el *nous* es la facultad suprema de conocimiento, infalible como consecuencia de la inmediatez de su operación, en la medida en la que, al no diferenciarse de su objeto, el intelecto puro no es sino una unidad con la verdad misma. Es aquí donde reside la certeza metafísica, la fuerza de la verdad total realizada por el intelecto puro, la pura intuición inmediata no discursiva.

La metafísica se constituye, por lo tanto, como un conocimiento directo y universal, el conocimiento supremo por antonomasia. En este sentido, se diferencia radicalmente de cualquier otra forma de saber, sea la ciencia o la filosofía y también la teología, aunque esta última, en alguna época –la Edad Media–, haya sido considerada erróneamente como superior. Para Guénon, la teología deriva del dogma religioso y está impregnada de elementos sentimentales que influencian de forma determinante la doctrina:

---

[6] Ibid., p. 30.
[7] Ibid., p. 99.
[8] Ibid., p. 99.

La influencia del elemento sentimental daña de modo evidente la pureza intelectual de la doctrina y representa, en suma, una decadencia con relación al pensamiento metafísico, decadencia que se ha producido donde parecía inevitable, es decir en el mundo occidental, para adaptarse a una mentalidad en la que (sobre todo, en los tiempos modernos) predomina la sentimentalidad sobre la inteligencia.[9]

Si la metafísica no se subordina a la teología tampoco puede decirse que sea una rama o disciplina de la filosofía, incluso aunque se la considere, como hace Aristóteles, como la «filosofía primera». Y esto es así porque:

El todo absoluto no puede ser parte de algo, y lo universal no puede ser encerrado o comprendido en ninguna otra cosa. Esto, por sí solo, representa una prueba evidente del carácter incompleto de la metafísica occidental, que se reduce a la doctrina de Aristóteles y los escolásticos.[10]

La metafísica se diferencia también de la filosofía en que, esta última, desde hace siglos, se limita a la construcción de sistemas de pensamiento puramente individuales, mientras que:

La metafísica pura excluye todo sistema porque todos ellos se presentan como concepciones o conjuntos cerrados y limitados, imposibles de conciliar con la universalidad de la metafísica. Por lo demás, un sistema filosófico es siempre el sistema de alguien, es decir una construcción, y su valor no puede ser más que individual.[11]

La metafísica, pues, se basta a sí misma y no puede fundarse sobre otra cosa, por el hecho de ser el conocimiento de los principios universales de los que se deriva todo lo demás. Las mismas ciencias toman de ella su fundamento y aíslan su objeto de estudio después de considerarlo según su punto de vista específico. Tampoco la moral tiene nada de metafísico, pues no tiene en consideración más que las reglas del actuar humano en el seno del orden social, reglas útiles a la hora de regular los comportamientos para mantener la armonía de la ciudad, pero que no tienen ninguna utilidad a la hora de demostrar ninguna verdad trascendente.

Clarificadas las diferencias esenciales de la metafísica con otros saberes derivados o inferiores, Guénon aborda la cuestión de su identidad propia,

---

[9] Ibid., p. 105.
[10] Ibid., pp. 117-118.
[11] Ibid., p. 124.

de su naturaleza interna, que no consiste sino en su capacidad de superar las aparentes contradicciones que encuentra el espíritu en su búsqueda. La metafísica se distingue por su capacidad para evitar todo reduccionismo y presenta un no-dualismo radical que se centra en el conocimiento de la unidad del Principio supremo, reuniendo los términos opuestos en el seno de una identidad en la que se revela la complementariedad de las perspectivas particulares.

EL INFINITO O LA POSIBILIDAD UNIVERSAL

Pero, según Guénon, la total indeterminación de este Principio supremo, y por lo tanto de la metafísica, requiere que no puedan ser utilizados más que términos negativos para exponer los fundamentos de la doctrina. Esto lleva a caracterizar esencialmente el Principio supremo en tanto que Infinito. Esta idea de Infinito surge bajo una forma negativa porque, paradójicamente, es lo más positivo que se puede pensar:

> La idea de infinito, que es en realidad la más positiva de todas, ya que el infinito no puede ser sino el todo absoluto, el que, no estando limitado por nada, no deja nada fuera de sí, esta idea, decimos, no puede expresarse sino por un término de forma negativa, porque, en el lenguaje, toda afirmación directa es forzosamente la afirmación de alguna cosa, es decir, una afirmación particular y determinada; pero la negación de una determinación o de una limitación es propiamente la negación de una negación, es decir una afirmación real, de manera que la negación de toda determinación equivale en el fondo a la afirmación absoluta y total.[12]

La noción de Infinito es fundamental dentro de la metafísica integral, el primer paso en el camino de la vía metafísica propiamente dicha. Esta idea de Infinito es la única que no encierra ninguna contradicción y que está exenta de toda negatividad. El Infinito, según Guénon, es más universal que el Ser, posee una dimensión incomparablemente superior al simple campo de la ontología clásica. Se identifica con la noción de «Posibilidad universal», pero con un sentido propiamente activo. Está ausente

---

[12] Ibid. p. 132.

de toda determinación y equivale al Todo. No tiene definición porque ninguna categoría del entendimiento –en el sentido kantiano– puede serle atribuida, al poseerlas todas de manera plena. El Infinito es evidentemente único, al ser imposible y contradictorio el darse dos «infinitos». Es el punto de partida y el punto de llegada, el Absoluto. No es sensible a la experiencia y se da al conocimiento por intermediación del intelecto trascendente, siempre que no se busque reducirlo a un objeto de conocimiento. Libre, pues, de todas las limitaciones, el Infinito no aparece bajo la forma de una afirmación, puesto que es la negación de toda limitación:

> Los términos de apariencia negativa que encontramos aquí, son, en su sentido real, eminentemente afirmativos. Por lo demás, la palabra «infinito», cuya forma es semejante, expresa la negación de todo límite, de suerte que equivale a la afirmación total y absoluta, que comprende o envuelve todas las afirmaciones particulares, pero que no es ninguna de ésta a exclusión de las demás, precisamente porque las implica a todas igualmente y «no distintamente»; y es así como la Posibilidad Universal comprende absolutamente todas las posibilidades.[13]

El acceso al Infinito exige, según Guénon, una ascesis particular, por la cual la intuición intelectual abre el espíritu a una trascendencia que sobrepasa toda experiencia fenoménica y que lo encamina hacia el Principio increado. Esta intuición metafísica del Absoluto es la operación intelectual y la vivencia espiritual más profunda para el ser humano.

Nada hay fuera del Infinito, que no puede, ciertamente, ser contenido por ninguna cosa ya que él es, de forma eminente, la esencia misma de todas las cosas. Reúne y abraza tanto el Ser como el No-Ser, lo manifestado como lo no-manifestado, la existencia y la nada, en una inmensidad inmanente-trascendente que constituye el conjunto de la Posibilidad universal.

SER Y NO-SER

El Ser que desde la perspectiva filosófica occidental, desde Aristóteles, era el Principio primero, que daba lugar a la ontología, es, para Guénon, una determinación primordial, pero no representa la totalidad a la cual

---

[13] R. Guénon, *El hombre y su devenir según el Vedanta*, Ignitus, Madrid, 2006, pp. 142-143.

debe aspirar la búsqueda metafísica. El Ser es una determinación limitada al reino de la manifestación, mientras que lo propiamente metafísico es precisamente todo aquello que lo sobrepasa. El Ser no es, pues, sino una de las formas, y no la más esencial, del Principio. El que toda la metafísica occidental haya tenido como principal preocupación el estudio del Ser, sin ir más allá, es la mejor prueba de que su búsqueda trascendente es limitada y, a la postre, fallida, pues deja fuera toda la dimensión esencial del No-Ser, es decir, de lo no-manifestado, que junto al Ser constituye el conjunto de la Posibilidad universal o Infinito:

> El Ser, no siendo sino la primera afirmación, la determinación más primordial, no es el Principio supremo de todas las cosas; no es, lo repetimos, sino el principio de la manifestación, y en esto se percibe cómo restringen el punto de vista metafísico quienes pretenden reducirlo exclusivamente a la mera «ontología»: hacer así abstracción del No-Ser es propiamente excluir todo lo que es lo más verdadera y puramente metafísico.[14]

El Ser es la fuente de donde las cosas sacan su subsistencia, el origen que las mantiene en la existencia en tanto que esencias específicas y es, en este sentido, el determinante por excelencia:

> El Ser determina a todos los estados de los cuáles él es el principio, y él no es determinado sino por sí mismo. Sin embargo, determinarse a sí mismo, es todavía estar determinado, por lo tanto limitado de alguna manera, de manera que el Infinito no puede ser atribuido al Ser, que no debe de ninguna manera ser considerado como el Principio supremo.[15]

El Ser es, pues, la Unidad metafísica, pero la unidad encierra en sí la multiplicidad, ya que la produce por el simple desarrollo de sus posibilidades:

> En el Ser, todos los seres son «Uno» sin estar confundidos, y distintos sin estar separados. Más allá del Ser, no se puede hablar de distinción, incluso principal, aunque tampoco puede decirse que haya confusión; se está más allá de la multiplicidad, pero también más allá de la Unidad (No-dualidad).[16]

---

[14] R. Guénon, *Les États multiples de l'être*, Vega, París, 1984, pp. 39-40.
[15] R. Guénon, *El hombre y su devenir...* op. cit. p. 144.
[16] Ibid., p. 144.

Para designar lo que está más allá del Ser, Guénon utiliza formulaciones negativas, dadas las limitaciones del lenguaje:

> Para designar lo que está fuera y más allá del Ser, estamos obligados, a falta de otro término, a llamarlo No-Ser. Esta expresión negativa, que, para nosotros, no es en ningún grado sinónimo de «nada» como parece serlo en el lenguaje de algunos filósofos, está directamente inspirada en la terminología de la doctrina extremo-oriental y está justificada por la necesidad de emplear una denominación para poder hablar de ello (...) pues las ideas más universales, siendo las más indeterminadas, no pueden expresarse, en la medida en que son expresables, sino mediante términos que tienen forma negativa.[17]

El No-Ser es superior al Ser en el sentido en que contiene todo lo no-manifestado e, igualmente, al Ser mismo. Pero tampoco debe hacerse del No-Ser un absoluto, porque solo el conjunto «Ser y No-Ser» es identificable a la Posibilidad universal o Infinito:

> Desde el momento en que se opone el No-Ser al Ser, o incluso que se los distingue simplemente, es evidente que ni el uno ni el otro son infinitos, ya que, desde este punto de vista, se limitan el uno al otro de alguna forma; lo infinito no pertenece más que al conjunto del Ser y del No-Ser, puesto que este conjunto es idéntico a la Posibilidad universal.[18]

A fin de hacer algo más comprensible lo que representa el No-Ser, Guénon utiliza los ejemplos del vacío, de las tinieblas o del silencio:

> De la misma manera que el No-Ser, o lo no manifestado, comprende o envuelve al Ser, que es el principio de la manifestación, el silencio comporta en sí mismo el principio de la palabra; en otros términos, de la misma forma que la unidad (el Ser) no es sino el cero metafísico (el No-Ser) afirmado, la palabra no es sino el silencio expresado.[19]

El No-Ser es, pues, el dominio de lo indiferenciado y de lo incondicionado y al estar desprovisto de todo modo distintivo no puede aparecer en su seno ninguna determinación de ningún tipo. No se encontrará, por lo tanto, en él ninguna huella de distinción entre unidad y multiplicidad:

---

[17] R. Guénon, *Les États...* op. cit. p. 25-26.
[18] Ibid., p. 26.
[19] Ibid., p. 29.

En el No-Ser no hay multiplicidad y, en rigor, tampoco hay unidad, porque el No-Ser es el cero metafísico, al cual estamos obligados a darle un nombre para poder hablar de él, y que es lógicamente anterior a la unidad; es por ello que la doctrina hindú habla solamente a este respecto de no-dualidad (adwaita).[20]

Vemos, pues, como lo que es anterior a la unidad, anterior igualmente a la multiplicidad es calificado como el «cero metafísico» a falta de una mejor expresión para señalar lo que es realmente inexpresable. Próximo de la noción oriental de «vacío», el cero metafísico sobrepasa ampliamente la simple noción de ausencia o privación y participa de lo inexpresable porque hunde sus raíces en el dominio de lo que no es susceptible de manifestación, es decir, lo indeterminable, que no puede, en ningún caso, entrar en el dominio del Ser. El cero metafísico es un aspecto del Infinito por su capacidad de contener, en principio, la unidad y todo lo que de ella depende. Por otro lado, la Unidad primordial no es más que el cero metafísico expresado y el Ser, primera expresión de esta unidad, no es, en el fondo, más que el No-Ser «afirmado». Este cero metafísico no es, pues, un cero de indigencia o de insignificancia, sino una simple indicación de las posibilidades de la no-manifestación, de la potencialidad del Infinito.[21]

ESENCIA Y SUSTANCIA

Una vez aclarado que el Ser, en tanto principio de la manifestación universal, no es sino la primera determinación (más allá de la cual se halla el No-Ser), es decir, la Unidad de la que surge toda multiplicidad por el despliegue de sus posibilidades, Guénon hace un análisis de los sucesivos estados del Ser, que constituyen lo que propiamente se llama «ontología». En primer lugar, el Ser se polariza en esencia (*Purusha*) y sustancia (*Prakriti*). La esencia es el principio «masculino», activo y determinante de la manifestación. En la tradición hindú, *Purusha* es el «Supremo ordenador», el que determina a *Prakriti* (la sustancia universal) y hace efectiva todas sus posibilidades, permaneciendo inafectado e inmutable, imperturbable y siempre idéntico.

---

[20] Ibid., p. 37.
[21] Ibid., p. 37 y ss.

La *Bhagavad-Gitâ* distingue en realidad tres clases de *Purushas* de los cuales dos residen en el mundo, el *Purusha* llamado «destructible», que se encuentra en todos los seres, y un segundo indestructible que se considera como inmutable. El tercer *Purusha*, que es el más elevado de los tres, es llamado *Paramâtma*, el Señor imperecedero que sostiene los tres mundos (la tierra, la atmósfera y el cielo, que representan los tres grados fundamentales entre los cuales se reparten todos los modos de la manifestación). El primero de los tres *Purushas*, golpeado por la misma contingencia que la existencia de la individualidad, es idéntico a *Jîvâtmâ* (el alma individual), el segundo o *Atmâ*, es el principio permanente del ser a través del conjunto de sus múltiples estados de manifestación, y, finalmente, el tercero no es otro que *Paramâtmâ*, la determinación primordial, el «Ordenador supremo». [22]

Por su parte, la sustancia (*Prakriti*) es el sustrato, el soporte de la manifestación del Ser que desarrolla, cuando es actualizada por la potencia ordenadora de *Purusha*, los tres *gunas (sattwa, rajas, tamas)* o cualidades fundamentales de la Existencia universal. Es el principio «femenino», pasivo e indiferenciado del Ser. Es el primero de los veinticinco principios (*tattwas*) que constituyen la base del *Sânkhya* (uno de los seis *darshanas* o puntos de vista ortodoxos de la tradición hindú). *Prakriti* es de hecho una suerte de Naturaleza que, siendo una en su indistinción, contiene en potencia todas las posibilidades de la manifestación.

LA MANIFESTACIÓN Y LOS «ESTADOS MÚLTIPLES DEL SER»

Vemos, pues, como el «juego» de esencia y sustancia, de *Purusha* y *Prakriti* da lugar a la manifestación universal, es decir, al conjunto de las cosas visibles que constituyen en toda su amplitud el «mundo creado», que participa inevitablemente de un proceso de determinación. Si, como dice Guénon, el Infinito expresa la negación de todo límite, y por lo tanto, equivale a la afirmación total y absoluta, la manifestación expresa la afirmación de lo relativo y de lo limitado. Esta manifestación (*Samsâra*) se ca-

---

[22] Ver *Bhagavad Gita*, edición de Consuelo Martín, Trotta, Madrid, 1997, capítulo XV.

racteriza por lo cuantitativo y la relatividad: es la «Existencia», o conjunto de seres contingentes que reciben su ser de una fuente exterior a ellos que es un principio no-manifestado:

> Cuando hablamos de la Existencia, entendemos por ello la manifestación universal, con todos los estados y grados que comporta, grados que pueden ser designados igualmente como mundos, y que son en multiplicidad indefinida; pero este término no conviene al grado del Ser puro, principio de toda la manifestación y él mismo no manifestado, ni, con mayor razón, a lo que está más allá del Ser mismo.[23]

La manifestación puede descomponerse en dos modos principales que son: el modo universal y el modo individual:

> Si se consideran las cosas de esta manera, lo Universal será, no solo lo no manifestado, sino también lo informal, que comprende a la vez lo no manifestado y los estados de manifestación supra individuales; en cuanto a lo individual, contiene todos los grados de la manifestación formal, es decir, todos los estados donde los seres están revestidos de formas, ya que lo que caracteriza propiamente la individualidad y la constituye esencialmente como tal, es precisamente la presencia de la forma entre las condiciones limitativas que definen y determinan un estado de existencia.[24]

Dentro de la manifestación formal, según Guénon, nos encontramos «estados sutiles» y «estados groseros» (manifestación sutil y manifestación grosera). Así, se establece una jerarquía: informal-formal/sutil-formal/grosero que va de lo más a lo menos principal y que establece un lazo entre el Principio superior no manifestado y los diversos estados de la manifestación.

La manifestación, pues, se despliega en una serie de niveles o «estados múltiples del Ser» que forman una estructura jerarquizada y arquetípica. Dentro de estos estados, el estado humano no ocupa ningún rango privilegiado en el conjunto de la existencia universal y no se distingue metafísicamente en relación a los otros estados por la posesión de ninguna prerrogativa:

> En realidad, ese estado humano no es más que un estado de manifestación como todos los otros y entre muchos otros; se sitúa, en la jerarquía de

---

[23] R. Guénon, *Le Symbolisme de la Croix*, Vega, Paris, 1996, p. 20.
[24] Ibid., p. 43.

los grados de la Existencia, en el lugar que le es asignado por su naturaleza misma, es decir por los caracteres limitativos de las condiciones que lo definen, y este lugar no le confiere ni superioridad ni inferioridad absoluta.[25]

Junto al estado humano, nos encontramos igualmente estados infra-humanos y supra-humanos. En el caso, por ejemplo, de las jerarquías espirituales, los ángeles son de hecho representativos de los estados supra-humanos. En este sentido, casi todo lo que puede ser dicho teológicamente de los ángeles, puede igualmente ser dicho metafísicamente de los estados superiores del ser. El término de «jerarquía espiritual», representa, pues, el conjunto de los estados del ser superiores al hombre, y más particularmente, los estados informales supra-individuales que pueden ser obtenidos a partir del estado humano.

Especial importancia concede igualmente Guénon, en el plano de la existencia condicionada del ser individual (ser humano), a los llamados « estado de sueño », « estado de sueño profundo » y « estado de vigilia », en tanto que estados que representan formas particulares del ser o posibilidades de *Atmâ,* lo que explica que las condiciones del ser no sean en realidad sino las mismas condiciones de *Atmâ*:

> Dejando momentáneamente de lado el cuarto estado (turiya), sobre el cual volveremos nuevamente después, diremos que los tres primeros son: el estado de vigilia, que corresponde a la manifestación grosera; el estado de sueño, que corresponde a la manifestación sutil; el sueño profundo, que es el estado causal e informal.[26]

Estos estados están relacionados con distintos grados de conocimiento y ocupan un lugar destacado en los métodos preparatorios para alcanzar la realización espiritual.

El estado de vigilia, relacionado con la manifestación grosera y el mundo corporal, tiene el conocimiento de los objetos externos (sensibles) y constituye el último grado en el orden de desarrollo de lo manifestado a partir de su principio primordial y no manifestado.

El estado de sueño, relacionado con la manifestación sutil y el mundo mental, tiene el conocimiento de los objetos internos (mentales) y está relacionado con *manas* (mente), que reside en las arterias luminosas (*nâdis*)

---

[25] R. Guénon, *Les États multiples*…op. cit. pp. 7-8.
[26] R. Guénon, *El hombre y su devenir*…op. cit. pp. 112-113.

de la forma sutil, donde está extendido como una especie de calor difuso. Las posibilidades del estado de sueño son más extensas que las del estado de vigilia y permiten al individuo escapar, en cierta medida, a algunas de las condiciones limitativas de la modalidad corporal.

El estado de sueño profundo, relacionado con la manifestación informal y supra individual, tiene relación con el conocimiento integral, que está lleno de Beatitud (*Ânanda*) y cuyo instrumento es la consciencia total (Chit) del Ser puro (*Sat*). En este estado, la luz inteligible es aprehendida directamente, lo que constituye la intuición intelectual y trascendente (*Buddhi*).[27]

Más allá de estos tres estados se encuentra, todavía, un cuarto, *Turîya*, que está más allá del Ser, que es permanente e incondicionado y que reúne a la totalidad de lo no manifestado, que equivales a la Posibilidad universal, total, infinita y absoluta.

Especial interés tiene también, por su lejanía de las concepciones usuales en Occidente, incluso las religiosas, de los llamados por Guénon «estados póstumos del ser humano»:

> Debemos volver ahora a lo que se produce para el ser que, al no estar «liberado» en el momento mismo de la muerte, debe recorrer una serie de grados, representados simbólicamente como las etapas de un viaje, y que son otros tantos estados intermediarios, no definitivos, por los que le es menester pasar antes de llegar al término final.[28]

Estos estados póstumos, siguen siendo relativos y condicionados, aunque puedan parecer elevados en relación con el estado corporal y están muy lejos del único que es absoluto e incondicionado, aunque también es cierto que el paso a alguno de estos estados superiores constituye como un encaminamiento hacia la «liberación», que es entonces más o menos gradual. En este complejo viaje «post-mortem» será determinante el grado de conocimiento alcanzado por el ser humano, pues no es lo mismo el destino del ignorante que el del sabio. Por eso se dice que los primeros siguen la «vía de los ancestros» (*Pi-triyâna*) y los segundos la «vía de los dioses» (*Devâ-yâna*). La primera vía conduce de regreso a otros estados de manifestación individual (ya no humanos); la segunda vía conduce a

---

[27] Ibid., capítulos XII-XIV, pp. 115-139.
[28] R. Guénon, *El hombre y su devenir...*op. cit. p. 179.

los estados superiores del ser y posteriormente a la liberación final o Identidad suprema.[29]

LA TEORÍA DE LOS CICLOS CÓSMICOS

Las leyes de la manifestación obedecen, según Guénon, a la lógica de un movimiento cíclico simbolizado por el círculo. Esto es así en la totalidad de los mundos contenidos en el seno de la manifestación, ya que el ciclo es un principio universal. El estudio de Guénon de los ciclos cósmicos, aunque con alusiones en muchos de sus escritos, se concentra en varios artículos publicados póstumamente en la obra *Formas tradicionales y ciclos cósmicos*[30], especialmente en el artículo *Algunos comentarios sobre la doctrina de los ciclos cósmicos*.

De acuerdo con esta teoría, cada mundo de la manifestación, que es una parte de la Existencia universal, se desarrolla cíclicamente constituyendo lo que en sánscrito –no debemos olvidar que la referencia metafísica fundamental para Guénon siempre es la tradición hindú– se ha llamado un *Kalpa*, que no es sino la forma cronológica en la que se expresa la doctrina de los ciclos. Es muy difícil evaluar la duración de un Kalpa porque, según Guénon, *«la sucesión temporal no es más que una imagen del encadenamiento, lógico y ontológico a la vez, de una serie extra temporal de causas y efectos»*[31] El *Kalpa* del mundo humano está compuesto por otros ciclos menores, llamados *Manvantaras*: *«Los* Manvantaras, *o eras de Manus sucesivos, son en número de catorce, formando dos series septenarias, la primera de las cuales comprende los* Manvantaras *pasados y en el que estamos en el presente, y la segunda los* Manvantaras *futuros»*[32]. Cada *Manvantara* se descompone a su vez en cuatro *Yugas* o edades sucesivas que componen un ciclo menor: *Satya-Yuga, Trêtâ-Yuga, Dwâpara-Yuga* y *Kali-Yuga*. Estos cuatro *Yugas* coinciden con las cuatro edades ya

---

[29] Ibid., capítulos XIX y ss.
[30] R. Guénon, *Formes traditionnelles et cycles cosmiques*, Gallimard, Paris, 1970.
[31] Ibid., p. 12.
[32] Ibid., p. 15.

conocidas en la época greco-latina: la edad de oro, de plata, de bronce y de hierro. Cada uno de estos períodos, según Guénon,

> Está marcado por una degeneración en relación al periodo precedente; y esto, que se opone directamente a la idea de «progreso» tal como lo conciben los modernos, se explica simplemente por el hecho que todo desarrollo cíclico, en suma, todo proceso de manifestación, que implica necesariamente un alejamiento gradual del principio, constituye verdaderamente, en efecto, un «descenso», lo que constituye por otra parte también el sentido real de la «caída» en la tradición judeo-cristiana.[33]

Esta degeneración, además, se acompaña de un decrecimiento de la duración:

> Si la duración total del *Manvantara* está representada por 10, la del *Krita-Yuga o Satya-Yuga* lo será por 4, la del *Trêtâ-Yuga* por 3, la del *Dwâpara-Yuga* por 2, y la del *Kali-Yuga* por 1 (…) La división del *Manvatara* se efectúa, por lo tanto siguiendo la fórmula 10=4+3+2+1, que es, en sentido inverso, la de la *Tétraktys* pitagórica: 1+2+3+4=10; esta última fórmula corresponde a lo que el lenguaje del hermetismo occidental llama la «circulatura del cuadrado» y la otra al problema inverso de la «cuadratura del círculo», que expresa precisamente la relación del fin del ciclo con su comienzo, es decir, la integración de su desarrollo total.[34]

Según Guénon, por una cuestión de prudencia la duración exacta de un Manvantara se ha conservado siempre secreta, modificando de forma sutil los datos reales para confundir a aquellos interesados en hacer los cálculos oportunos, pues estos permitirían prever acontecimientos futuros, algo no deseado por ninguna tradición ortodoxa.

En la actualidad, y desde hace ya largo tiempo, la humanidad se encuentra en el *Kali-Yuga* o «Edad oscura», último de los cuatro períodos de nuestro Manvantara. Es la época de mayor decadencia, caracterizada por la negatividad, la confusión y la materialización, en la cual se imponen los valores profanos debido a la dominación del poder temporal sobre el poder espiritual. Esta materialización creciente es el resultado inexorable del alejamiento cíclico del Principio, que supone una pérdida de la influencia de las fuerzas tradicionales en beneficio de las potencias inferiores del

---

[33] Ibid., p. 21.
[34] Ibid., p. 23.

mundo moderno. Esto explica también que el conocimiento espiritual se encuentre oculto y al alcance sólo de unos pocos. No obstante, antes o después, según Guénon, el proceso descendente del ciclo alcanzará su límite y la «Edad oscura» terminará, dando comienzo un nuevo ciclo que restablecerá el predominio del espíritu sobre la materia.

LA REALIZACIÓN METAFÍSICA Y LA INICIACIÓN MASONICA

El desarrollo o el despliegue real del conocimiento metafísico –cuyas nociones básicas hemos resumido en el apartado anterior– pasa forzosa e inevitablemente, según Guénon, por una modificación compleja del estado individual del ser humano, modificación que se califica habitualmente en los escritos de las diferentes tradiciones con el término genérico de «realización». La teoría no es, pues, un fin en sí misma, sino un medio, un instrumento: *«Para el metafísico, se trata de conocer lo que es, y de conocerlo de tal forma que uno mismo sea, real y efectivamente, todo aquello que se conoce»* [35]. En esta modificación es esencial la concentración y la armonización de los diferentes elementos y estados inferiores de la individualidad, *«con el fin de preparar la comunicación efectiva entre esta individualidad y los estados superiores del Ser»*[36]. Esta toma de conciencia efectiva de los estados supra-individuales es precisamente para Guénon el objeto de la metafísica, el conocimiento metafísico propiamente dicho.

Esta alusión a los «estados supra-individuales» sólo sorprenderá a aquellos que piensen que el ser humano es algo acabado, completo y cerrado en sí mismo:

> Llegamos aquí a un punto esencial sobre el cual es necesario insistir: si el individuo fuera un ser completo, si constituyera un sistema cerrado a la manera de la mónada de Leibniz, no habría metafísica posible; irremediablemente encerrado en sí mismo, este ser no tendría ningún medio de conocer lo que no es del orden de existencia al cual él pertenece. Pero no es

---

[35] R. Guénon, *La metafísica oriental*, op. cit. p. 19.
[36] Ibid., pp. 24-25

este el caso: el individuo no representa en realidad más que una manifestación transitoria y contingente del ser verdadero.[37]

En el marco de esta realización metafísica, Guénon distingue dos fases principales: una primera, que es calificada de «preliminar», que no sobrepasa la individualidad y que debe permitir una extensión indefinida de las posibilidades virtuales presentes en cada hombre:

> Esta realización de la individualidad integral es designada por todas las tradiciones como la restauración de lo que llaman «el estado primordial», considerado como el del hombre verdadero, y que escapa ya a ciertas limitaciones características del estado ordinario, notablemente a la que se debe a su condición corporal.[38]

En este estadio el ser humano recobra el estado que fue el de los orígenes de la humanidad y aunque no ha accedido todavía a los estados supra-individuales, ha logrado liberarse del tiempo y poseer la conciencia de una nueva facultad: el «sentido de eternidad».

La segunda fase de la realización metafísica concierne exclusivamente a los estados supra-individuales, todavía condicionados pero de una forma muy diferente a los condicionamientos del estado humano:

> Aquí, el mundo del hombre, en el que estábamos todavía en el estado precedente, está total y definitivamente superado. Hay que decir algo más: lo que está superado es el mundo de las formas en su acepción más general, que comprende todos los estados individuales cualesquiera que sean, pues la forma es la condición común a todos estos estados, aquello por lo que se define la individualidad como tal. El ser, al que ya no puede llamarse humano, está en lo sucesivo fuera de la «corriente de las formas», según la expresión extremo oriental.[39]

Sin embargo, advierte Guénon, esos estados son todavía transitorios y relativos en comparación con el fin último de la realización metafísica, que reside más allá del Ser:

> El fin supremo es el estado absolutamente incondicionado, liberado de toda limitación; por esta misma razón es totalmente inexpresable y todo lo que puede decirse de él no se traduce más que en términos de forma nega-

---

[37] Ibid., p. 18.
[38] Ibid., p. 27.
[39] Ibid., pp. 29-30.

tiva: negación de los límites que determinan y definen toda existencia en su relatividad. La obtención de este estado es lo que la doctrina hindú denomina «Liberación» cuando la considera en relación con los estados condicionados y también «Unión» cuando la considera en relación con el Principio supremo.[40]

Esta Liberación o estado absolutamente incondicionado, la «Identidad Suprema», corona la perspectiva metafísica, es el fin último alcanzado por el ser en su completa universalización:

> La «Identidad Suprema» es pues la finalidad del ser «liberado», es decir, libre de las condiciones de la existencia individual humana, así como de todas las demás condiciones particulares y limitativas (*upâdis*) que se consideran como otros tantos lazos. [41]

Una vez que estos lazos desaparecen, el ser que se encontraba antes en el estado humano, adquiere nuevamente por su liberación, el «Sí mismo» (*Atmâ*) y deviene una consciencia omnipresente, que está unida substancialmente a la Esencia suprema. Es este, dice Guénon, el resultado de la liberación completa, obtenida en la plenitud del conocimiento divino. La «Liberación» (*Moksa*) es, pues, el término último, la etapa final que se encuentra situada en la cúspide de la jerarquía de los estados múltiples del ser.[42]

Esta liberación puede ser obtenida observando los principios y prescripciones expuestos en los libros sagrados y facilitada por la práctica de diferentes ritos cargados de potencia que pueden despertar fuerzas ocultas en el ser humano, o mediante el ejercicio intenso y sostenido de modos específicos y más o menos complejos de meditación. Pero solamente será efectiva y real si tiene como consecuencia el perfecto conocimiento del Principio supremo (*Brahma*). Este conocimiento de *Brahma*, insiste Guénon, supone necesariamente la realización de la «Identidad Suprema»:

> Así, la liberación y el conocimiento total y absoluto no son verdaderamente más que una sola y misma cosa; si se dice que el conocimiento es el medio de la liberación, es menester agregar que, aquí, el medio y el fin son

---

[40] Ibid., pp. 30-31.
[41] R. Guénon, *El hombre y su devenir...* op. cit. p. 204.
[42] Ibid., p. 206.

inseparables, puesto que el conocimiento lleva su fruto en sí mismo, contrariamente a lo que tiene lugar para la acción.[43]

Liberación y conocimiento forman, por lo tanto, una misma indisociable identidad.

Llegado a este último estadio, el ser liberado se encuentra unido a su propia esencia, a su «Sí mismo» (*Atmâ*), espíritu universal que reside en todo y que no es diferente del Absoluto (*Brahmâ*). Solo la ignorancia (*avidyâ*), la ilusión, velaba la realidad de la naturaleza efectiva del ser humano, que en su esencia y más allá del «ego» –que no es nada–, participa substancialmente del Principio Único y Supremo. La perspectiva metafísica encuentra aquí su culminación y el sentido de su vía específica. Guénon utiliza otros términos para referirse a esta liberación o «Identidad Suprema»: es la «Gran paz» del esoterismo islámico, la «Paz profunda» de la tradición iniciática occidental, la «Paz en el vacío» del taoísmo chino. Es el cumplimiento del «*Paranirvana*» de la tradición hindú, es decir, el «*nirvana*» del que no se regresa, el que culmina la total realización, el perfecto despertar del estado incondicionado, idéntico a lo que se denomina en el Islam esotérico «la extinción» (*fanâ*), que sobreviene cuando son definitivamente sobrepasados los límites de la individualidad y que permite la absorción del ser en la divinidad, en la verdad suprema:

> El «Sí mismo» (*Atmâ*, puesto que desde entonces ya no puede tratarse de *Jîvatmâ*, dado que toda distinción y toda «separatividad» ha desaparecido) del que ha llegado a la perfección del Conocimiento Divino (*Brahma-Vidyâ*), y que, por consecuencia, ha obtenido la liberación final, sube, al abandonar su forma corporal (y sin pasar por estados intermedios), a la Suprema Luz (espiritual) que es *Brahma*, y se identifica con Él, de una manera conforme e indivisa, como el agua pura, al mezclarse con el lago límpido (no obstante, sin perderse de ninguna manera), deviene en todo conforme a él.[44]

La realización metafísica, tal como ha sido considerada anteriormente, puede ser facilitada al ser humano si éste toma el camino de la iniciación, que no es sino una vía de conocimiento y, por lo tanto, de realización, un camino específico que utiliza métodos particulares. Esta vía no está abier-

---

[43] Ibid. pp. 211-212.
[44] Ibid., pp. 214-215.

ta a todo el mundo porque requiere de unas condiciones indispensables que no poseen todos los seres humanos. Todo candidato a la iniciación debe demostrar que posee una capacidad real para penetrar los conocimientos doctrinales más profundos y esto no de forma erudita sino vivencial. Además, debe ser apto para emprender un complejo trabajo de trasmutación que le hará pasar, por medio de la muerte y del renacimiento iniciático, del hombre viejo al hombre nuevo. Es por eso que está vía iniciática es propiamente «esotérica», en el sentido de estar reservada a un pequeño número de adeptos cualificados para recibir el aspecto interior y más profundo de la doctrina propiamente metafísica.

La palabra «*initium*» significa «entrada» o «comienzo», en la vía del conocimiento metafísico y para ello se requieren ciertos requisitos o condiciones: una cualificación personal, vincularse a una organización tradicional regular y llevar a cabo un trabajo interior. En este sentido, la función de la organización tradicional es clave porque efectúa, con los ritos adecuados, la transmisión iniciática propiamente dicha, que consiste fundamentalmente en la transmisión de una «influencia espiritual» al iniciado, a partir de la cual y mediante el trabajo meditativo interior, se puede ir avanzando por las distintas fases de la iniciación, que no son sino las de la «Gran Obra» hermético-alquímica, que reproducen el proceso cosmogónico.[45]

Guénon insiste en que la organización que lleve a cabo la iniciación debe ser una auténtica organización tradicional, que sea efectivamente depositaria de una influencia espiritual para poderla comunicar a los individuos que se vinculan a ella. Esto, según él, excluye a todas las formaciones pseudo-iniciáticas, tan numerosas en nuestra época pero que están totalmente desprovistas de todo carácter tradicional (al no mantener ninguna continuidad o «cadena iniciática» con la Tradición, como es el caso, apunta Guénon, de las numerosas organizaciones que se autodenominan «rosacrucianas»). En este sentido, y en una nota a pie de página de sus *Aperçus sur l'initiation*, Guénon afirma que:

> Si se deja aparte el caso de la posible supervivencia de algunos raros grupos que provienen del hermetismo cristiano de la Edad Media, por otra parte extremadamente restringidos, es un hecho que, de todas las or-

---

[45] Ibid., capítulo IV.

ganizaciones con pretensiones iniciáticas que están extendidas actualmente en el mundo occidental, no hay más que dos que, por muy decaídas que estén como consecuencia de la ignorancia y la incomprensión de la inmensa mayoría de sus miembros, pueden reivindicar un origen tradicional auténtico y una transmisión iniciática real: estas dos organizaciones que por otra parte, a decir verdad, no fueron más que en un principio una sola aunque con múltiples ramas, son el Compañerismo y la Masonería.[46]

Esta afirmación tiene gran importancia porque, según Guénon, el hombre occidental ya casi no tiene posibilidades de adentrarse en una vía de conocimiento propiamente metafísico, al haber desaparecido todas las organizaciones que en otras épocas –la Edad Media– facilitaban esa iniciación. Esto convierte a la masonería en una muy rara excepción y es por este motivo que Guénon le dedicó numerosos análisis (todos sus artículos relacionados con esta organización iniciática fueron publicados póstumamente en dos volúmenes con el título *Étude sur la franc-maçonnerie et le compagnonnage*, en 1970).

En su origen la masonería no era sino una «iniciación de oficio», que utilizaba los útiles de la construcción como herramientas reales y como soportes para la realización espiritual. Pero, con el tiempo –a partir del Renacimiento– se irá convirtiendo, por la aceptación en su seno de elementos extraños a la profesión, en una sociedad especulativa que abandona el trabajo real con la piedra para sustituirlo con un trabajo «simbólico» que busca la construcción del «templo interior» del ser humano y el desarrollo de sus capacidades espirituales. Esta diferencia es la que se da entre la llamada «masonería operativa» y la «masonería especulativa», distinción que data de comienzos del siglo XVIII con la constitución de la Gran Logia de Londres en 1717.

Este paso de la «masonería operativa» a la «masonería especulativa» lejos de ser un progreso representa, para Guénon, una pérdida efectiva del potencial iniciático de realización y un olvido de numerosos ritos y prácticas que poseían una función transformadora real. Así, aunque la cadena tradicional no haya sido interrumpida, las posibilidades de una «iniciación efectiva», que vaya más allá de la mera «iniciación virtual» disminuyen considerablemente. Esta degeneración explica las numerosas desvía-

---

[46] R. Guénon, *Aperçus sur l'initiation*, Paris, Éditions traditionnelles, p. 41.

ciones que se han producido en esta organización iniciática en los últimos tres siglos, siendo los principales responsables de esta situación los pastores protestantes Anderson y Désaguliers, que redactaron las *Constituciones* (1723) de la Gran Logia de Londres y que hicieron desaparecer todos los antiguos documentos que pudieron encontrar para que no se notaran las innovaciones que ellos introdujeron en los rituales.

Las *Constituciones de Anderson* y el nacimiento de la Gran Logia de Londres no son, pues, como podría pensarse, el comienzo de la masonería, sino solamente la culminación de un periodo de degradación que se venía fraguando en Occidente desde hacía tiempo, y que inaugura la nueva época de una masonería puramente especulativa, que ha perdido gran parte de su poder transformador del ser humano por el olvido de la verdadera finalidad de la organización y de las técnicas espirituales necesarias para ello.

Guénon se cuida de recordar una y otra vez en sus artículos, primero en la revista *La Gnose* y más tarde en *Études traditionnelles,* que la masonería estaba sufriendo la misma suerte que antes experimentaron otras organizaciones iniciáticas en Occidente, y que la mayoría de sus miembros desconocían los verdaderos fines de la organización, así como el sentido último del simbolismo y del ritual. Es por ello que su propósito fue mostrar el carácter plenamente tradicional de la masonería y explicar el sentido profundo de los diferentes símbolos y ritos masónicos, para que los masones de su época tomaran conciencia de los verdaderos fines de la organización a la que pertenecían y pusieran en práctica las técnicas apropiadas para llevar a cabo el paso de la iniciación virtual a la iniciación efectiva.

Podríamos concluir afirmando que para Guénon no hay metafísica sin su correspondiente realización. El verdadero conocimiento –la *Gnosis*– implica siempre una transformación del sujeto que conoce por identificación con el objeto conocido, pues en definitiva el conocedor, lo conocido y el conocimiento mismo no son sino una sola y misma cosa. En este sentido puede establecerse una diferencia crucial entre las perspectivas metafísicas de Oriente y Occidente: mientras que en las distintas tradiciones orientales, la realización metafísica por el conocimiento se ha mantenido efectiva hasta la actualidad, formando parte de las distintas doctrinas – Sufismo, Vedanta, Tantrismo, Zen, etc– en Occidente, según Guénon, el carácter incompleto de la metafísica de Aristóteles y de la escolástica medieval ha dificultado o imposibilitado el aspecto de la realización, quedando truncada la posibilidad de un metafísica plena. Al menos de forma externa o pública, porque si bien es cierto que la subordinación de la metafísica a la teología en la Edad Media desembocó a partir del Renacimiento en el desarrollo de una filosofía y una ciencia profanas que dieron la espalda al verdadero conocimiento, no es menos cierto que en Occidente y desde la Antigüedad siempre han existido escuelas y organizaciones que han conservado vivo el saber metafísico: las escuelas de los antiguos misterios, el pitagorismo, el hermetismo, la cábala cristiana, el movimiento rosacruz, etc., son otros tantos jalones de esta «tradición oculta» de Occidente en la cual, según Guénon, hay que incluir a la masonería. Una masonería debilitada por las transformaciones que ha sufrido en el mundo moderno, al pasar del ámbito operativo al meramente especulativo, pero que todavía conserva los lazos con la Tradición y la influencia espiritual que pueden hacer posible la realización metafísica.

Alain Blandin

PRÁCTICA DE LAS VÍAS DEL DESPERTAR

Sudor, silencio y metafísica

Prólogo y traducción de ALFONSO MARCUELLO

asonica es

Claves para profundizar en el viaje inmóvil que conduce del mundo a lo Real.

Jean-Marc Vivenza, nacido en 1957 en Vinay (Isère), filósofo, ensayista, musicólogo y conferenciante francés, después de un primer tiempo de juventud de fuerte interés por el pensamiento de Nāgārjuna y la obra de René Guénon (1886-1951), se ha orientado, desde hace varios decenios, en favor de una profundización de las tesis metafísicas de Jakob Böhme (1575-1624) y del pensamiento de Joseph de Maîstre (1753-1821) –habiendo redactado dos biografías y numerosos estudios en relación a estos dos autores–, y hacia el esoterismo occidental, abordando pensadores y maestros en el ámbito de la iniciación masónica y teosófica, como Martines de Pasqually (+1772), Louis-Claude de Saint-Martin (1743-1803) o también Jean-Baptiste Willermoz (1730-1824), llevándolo así a producir numerosas obras relacionadas con las fuentes históricas, espirituales y doctrinales del iluminismo iniciático. Masón del Rito Escocés Rectificado, fue miembro del Gran Priorato de las Galias, del que fue portavoz oficial de 2005 a 2012, ejerciendo hoy responsabilidades dentro del Directorio Nacional Rectificado de Francia-Gran Directorio de las Galias.

RENÉ GUÉNON
Y EL
RITO ESCOCÉS
RECTIFICADO

Jean-Marc Vivenza

Entramos hoy en una nueva era para el Régimen Escocés Rectificado, puesto que por una parte terminamos con un período demasiado largo en que sus tesis han sido duramente contestadas por ciertas corrientes de la Francmasonería, en particular por los tenientes de la herencia guenoniana y, por otra, por un justo retorno de las cosas, somos ahora nosotros, a nuestra vez, quienes ponemos en evidencia los errores de las tesis de René Guénon y su incompatibilidad con los fundamentos doctrinales establecidos por Jean-Baptiste Willermoz.

RENÉ GUÉNON Y EL RITO ESCOCÉS RECTIFICADO

Muchos son los que han quedado sorprendidos al no comprender lo que hay en juego, o simplemente rechazan admitir los hechos relativos a las inexactitudes que sostiene Guénon cuando se expresa respecto al Régimen Escocés Rectificado. Mientras que, durante decenios, en nombre del universalismo, hemos estado sufriendo bajo un nutrido fuego de violentas críticas el estar asumiendo una vía iniciática y caballeresca exclusivamente cristiana, nos es dado, en la actualidad, el no continuar sufriendo pasivamente los fuertes ataques que nos son dirigidos e incluso poder responder, serena pero firmemente, que Guénon se ha equivocado estrepitosamente, que ha errado pesadamente, y con él, todos aquellos que han dado crédito a sus tesis con extrema ligereza.

¿Por qué esta nueva situación es importante? Nada menos porque nos permite comprender mejor la validez de nuestra acción, al igual que captar el carácter eminentemente vital en el seno del mundo masónico contemporáneo. Para ser concisos, lo resumiré gustosamente en pocas palabras diciendo que esta clarificación nos conduce a poder afirmar que: el Régimen Escocés Rectificado es una vía, o más exactamente una Orden iniciática autónoma, coherente, completa, autosuficiente, que se piensa y considera como tal, en primer lugar por razón de su depósito doctrinal único que hereda, con incontestable legitimidad, de Martines de Pasqually por mediación de Jean-Baptiste Willermoz, explicando su enjuiciamiento concerniente a la naturaleza «apócrifa» de las otras corrientes masónicas, Orden que encarna una corriente que es un verdadero recurso providencial, en el sentido de que tiene por objetivo, en estos tiempos tormentosos y desorientados, el recristianizar, según nuevas bases y un método específico, las almas de deseo en busca de la Verdad.

En efecto, el Rectificado, que se constituyó entre 1778 y 1782 buscando el perfeccionamiento y la reforma de la antigua tradición escocesa, debe vivirse imperiosamente, y esto no es negociable, permaneciendo fiel a sus bases originales, so pena de perder su especificidad y su «espíritu» rector, en provecho de una concepción andersoniana que es, no solamente una traición respecto a lo que quiso constituir Jean-Baptiste Willermoz, sino que, además, lo que es mucho más grave, representa un riesgo mayor ante el devenir y la continuidad histórica de la esencia espiritual de lo que es la «rectificación».

I. LA NATURALEZA DEL RÉGIMEN ESCOCÉS RECTIFICADO

Recordemos pues, lo que ya he querido responder en una obra mía –ya traducida al castellano[1]–. En primer lugar, y en forma de exposición rápida, los motivos de la crítica a esta declaración inverosímil consistente en que el Rito Escocés Rectificado, por razón de su carácter exclusivamente cristiano, estaría marcado según René Guénon y sus discípulos, por un misticismo religioso que llevaría a sus miembros a una cierta tendencia a la «exoterización», y estaría falto de las claves «operativas» capaces de hacer acceder a los buscadores a los últimos grados del «conocimiento» iniciático auténtico.

a) Un error portador de una continuada incomprensión

Sin embargo, al margen de proferir un reproche de estas características, en absoluto anodino al tratarse de una sociedad iniciática que hace venir a ella a los hombres para que alcancen las fuentes del conocimiento, René Guénon mantendrá a propósito del Régimen Escocés Rectificado un considerable error que manchará, desgraciadamente, el conjunto de sus criterios ulteriores, impidiéndole de este modo penetrar en el corazón de la esencia iniciática del Régimen. ¿Cuál es este error? Helo aquí, expuesto en algunas líneas por Guénon mismo: «*El Régimen Escocés Rectificado no es una metamorfosis de los Elegidos Cohen, sino más bien una derivación de la Estricta Observancia, lo que es totalmente diferente; y, si bien es cierto que Willermoz, por la parte preponderante que tuvo en la elaboración de los rituales de sus grados superiores, y particularmente el de «Caballero Bienhechor de la Ciudad Santa», pudo introducir algunas de las ideas que había extraído de la organización de Martines, no es menos cierto que los Elegidos Cohen, en su gran mayoría, le reprocharon en gran manera el interés que profería así como la preferencia a otro rito, lo que a sus ojos era casi una traición, al igual que reprocharon a Saint-Martin un cambio de actitud de otro género*»[2].

---

[1] J.-M. Vivenza, *René Guénon y el Rito Escocés Rectificado*, Ed. Manakel, Madrid 2009.
[2] R. Guénon, *Etudes sur la Franc-Maçonnerie et le Compagnonnage*, T. 1, Editions Traditionnelles, 1991, p. 85.

El error de juicio de Guénon no escapó, en su época, a Gerard van Rij-nberk, que no dejó de poner de manifiesto el carácter perentorio de una afirmación de este tipo, muy poco justificable tratándose del fondo doctrinal del Régimen Escocés Rectificado, que visible y curiosamente era totalmente o desconocido o ignorado por aquel que deseaba expresarse como maestro en temas de esoterismo y francmasonería: «*El Sr. Guénon*, escribía van Rijnberk, *me reprocha mi frase relativa a la metamorfosis willermoziana y martinista del Martinezismo. Asegura que hay ahí un equívoco a disipar:* «El Régimen Escocés Rectificado no es una metamorfosis de los Elegidos Cohen, sino más bien una derivación de la Estricta Observancia, lo que es totalmente diferente.» *¡Qué sorprendente observación! Así, ¿el grado secreto de Cab. Profeso y sobre todo el de Gran Profeso, que forman el colofón de la Orden Interior del Régimen Rectificado, no serían otra cosa que simple Masonería Templaria y no contendrían en absoluto en germen, de manera velada, aunque evidente, la doctrina de Martines?*[3]».

Van Rijnberk estaba en lo cierto y pronto vio la aporía que hacía caducos los argumentos que le eran opuestos, descubriendo inmediatamente el enorme fallo en el razonamiento de Guénon, y se sorprenderá de este monumental desconocimiento de las *Instrucciones* de la Profesión, sin las cuales no es posible un conocimiento real del Régimen Rectificado y de la naturaleza y perspectiva de sus trabajos.

Sin embargo, para convencerse de lo bien fundamentado del análisis de Gérard van Rijnberk, bastaría con leer simplemente a Jean-Baptiste Willermoz, como demuestra su correo destinado al Príncipe Charles de Hesse, en el que declara claramente la existencia de un vínculo doctrinal entre los Elegidos Cohen y las *Instrucciones Secretas* que coronan la Orden que acababa de fundar: «*...es esencial,* escribe Willermoz, *que prevenga aquí a Vuestra Alteza Serenísima, que los grados de dicha Orden* [la Orden de los Elegidos Cohen] *encierran tres partes: los tres primeros grados instruyen sobre la naturaleza divina, espiritual, humana y corporal; y esta instrucción es la base de la de los Grandes Profesos...*» (Carta al *Príncipe Charles de Hesse-Casel,* 12 de octubre de 1781).

---

[3] G. van Rijnberk, *Un thaumaturge ui XVIII⁰ siècle, Martines de Pasqually, sa vie son oeuvre*, tomo segundo, Derain, 1938, p. 47.

¿Cómo pues, y por qué, Guénon, con tanta energía, considera necesario mantenerse en una posición que contradecía e invalidaba todo? ¿Qué explica esta actitud tan extraña en aquel que supo, en otras circunstancias, proceder a correcciones y modificaciones significativas cuando fue necesario, pero que, de manera inexplicable, en el caso que nos ocupa, permanecerá, contra viento y marea, manteniendo juicios perentorios y falsos?

b) Un trágico desconocimiento de la estructura interior del Régimen Rectificado

La solución, por decirlo de algún modo, de esta extraña incomprensión de Guénon y algunos de sus herederos respecto al Régimen Escocés Rectificado, encuentra su explicación en una grave confusión que confirma el profundo y gran desconocimiento de la composición y estructura interna del Régimen Rectificado, desconocimiento que aparece muy claramente en estas líneas extraídas del artículo «*Un proyecto de Joseph de Maîstre para la unión de los pueblos*», inicialmente publicado por Guénon en marzo de 1927 en la revista «*Vers l'Unité*», en el que sostiene, sorprendentemente, hablando de la repartición de los grados en el seno del Régimen: «*He aquí cómo esta repartición parece establecerse: la primera clase comprende las tres clases simbólicas; la segunda clase corresponde a los grados capitulares, de los que el más importante y quizá incluso el único practicado de hecho en el Régimen Escocés Rectificado es el de Escocés de San Andrés; finalmente la tercera clase está formada por los grados superiores de Escudero Novicio y Gran Profeso o Caballero Bienhechor de la Ciudad Santa[4]*».

A la vista de estas afirmaciones, aparece inmediatamente, para aquel que conoce, aunque sea poco, el carácter distinto y separado del grado de Caballero Bienhechor del estado de Caballero Profeso y más adelante del de Gran Profeso, el enorme error, la increíble confusión, consistente en hacer de estos tres grados un idéntico nivel, lo que le lleva a ignorar los elementos iniciáticos específicos del importante y esencial fondo doctrinal alojado por Willermoz en la Clase Secreta de la Profesión y la Gran Profesión.

---

[4] R. Guénon, *Etudes sur la Franc-Maçonnerie et le Compagnonnage*, t. I, *op cit.*, pp. 24-25.

RENÉ GUÉNON Y EL RITO ESCOCÉS RECTIFICADO

Esta enorme y lastimosa ignorancia va a tener temibles consecuencias en los posicionamientos de Guénon, y le va ha hacer mantener tesis radicalmente inexactas, ya que, desgraciadamente, partía de falsas premisas[5]. El carácter inexplicable de la actitud de Guénon, de la que hoy conocemos la causa, comportando la afirmación continuada y repetida de un conjunto de juicios a cuál más parcial, parece tener un solo objetivo visible: conducir los ataques contra Jean-Baptiste Willermoz y el Régimen Escocés Rectificado a fin de tratar de demostrar su carácter no tradicional[6].

---

[5] J. Saunier escribe: «*Hay por todas partes en este texto, publicado en marzo de 1927, errores de facto totalmente excepcionales en Guénon que se han de poner de manifiesto, en razón de la autoridad que se adjudica a sus escritos, pues estos errores conducen a una falsa comprensión del Rito. En primer lugar, sabemos que desde el Convento de las Galias los grados «escoceses» han sido sintetizados en un solo grado de «Maestro Escocés de San Andrés», que por otra parte conserva de sus orígenes una división en varias partes pero que constituye no obstante un grado único. En segundo lugar, la confusión resulta muy clara entre «Caballero Bienhechor de la Ciudad Santa» y «Gran Profeso». Ahí también, la historia nos enseña que hubo, en la Estricta Observancia, un desdoblamiento del grado de caballero en «Eques» y «Eques Professus», pero en el momento en que Maître escribe, después del Convento de Lyon, ninguna ambigüedad es posible: hay el grado de C.B.C.S. y por encima la «Clase de los Grandes Profesos», con sus estatutos y sobre todo su propia Doctrina. Es por lo que Guénon es llevado a desgajar el grado de «Escocés» de la clase simbólica a la que sin lugar a dudas pertenece, ya que ignorando la clase de los Grandes Profesos le es imposible determinar cuáles son los tres grados a los que se refiere la Memoria. Es por tanto un error. Hay por otra parte algo bastante curioso en el hecho de que Guénon no haya nunca rectificado este error; incluso en 1950, época en que se habían publicado suficientes documentos como para que pudiera tener una idea precisa de la cuestión, vemos reprocharle a van Rijnberk* «no saber que los Caballeros Bienhechores de la Ciudad Santa son el último grado del R.E.R.», *lo que sin duda era cierto en 1950 pero totalmente falso en 1780.*» (J. Saunier, *Les Chevaliers au porte du Temple*, Editions Ivoire-Clair, 2005, pp. 23-24).

[6] Este mismo y consecuente error que acabamos de señalar se vuelve a encontrar bajo la pluma de Denys Roman (Marcel Maugy), que como fiel discípulo del maestro del Cairo, no escatimará esfuerzos en expresar todo lo malo que piensa del Régimen Escocés Rectificado en general y de la obra reformadora de Jean-Bapstite Willermoz en particular, afirmando, sin pestañear, en el capítulo II de su obra, *René Guénon et les destins de la Franc-Maçonnerie*, referente a la cuestión de la Orden del Temple: «*Sabemos que las principales manifestaciones de este anti-Templarismo masónico están relacionadas con la acción de Joseph de Maîstre y sobre todo de Willermoz quien sustituyó el grado de Templario de la Estricta Observancia por el de Gran Profeso del Régimen Rectificado (Caballero Bienhechor de la Ciudad Santa).*» (D. Roman, *René Guénon et les destins de la Franc-Maçonnerie*, Editions Traditionnelles, 1982, p. 31.)

c) Realidad iniciática del Régimen Rectificado

Ahora bien, al encuentro de lo que piensa René Guénon, el Régimen Escocés Rectificado encarna una notable continuidad respecto a la doctrina de los Elegidos Cohen, continuidad que ha permitido conservar y preservar a esta última, ofreciéndole un maravilloso marco organizativo que jugará, con el tiempo, un papel protector y salvador incomparable, haciendo de este Régimen, no solamente el legítimo heredero de la Orden fundada por Martines de Pasqually, sino además el guardián de una llama de la que detenta, incontestablemente, la maestría y el «depósito», por el carácter propio de su esencia espiritual orientada completamente, en todos sus niveles y grados, en dirección a la obra de reconciliación que tiene por fin, principal y casi únicamente, la «reintegración» del hombre en sus primeras propiedades y virtudes divinas.

Aparece así, de modo incontestable, que la Orden de los Caballeros Bienhechores de la Ciudad Santa es portadora de una base espiritual y una herencia histórica directamente salida de las enseñanzas de Martines de Pasqually, y que hay que hacerse completamente el sordo y estar bastante cerrado, incluso autista, ante los elementos formales que recibimos por vía de las diferentes fuentes históricas disponibles, pero también es cierto que no hay peor sordo que aquel que no quiere oír, para rechazar convenir que aquello que ha unido profundamente al Régimen Escocés Rectificado con la doctrina martinezista participa de una incontestable y directa filiación de la que la Gran Profesión, en toda lógica, será y continua siendo poseedora, por los elementos propios que en su momento fueron depositados por el mismo Jean-Baptiste Willermoz[7], sin prejuicio de

---

[7] La calificación de Réau+Croix de Jean Baptiste Willermoz, sobre la que poseemos una importante documentación y que no representa ninguna dificultad particular para los historiadores (Alice Joly, como consecuencia de su adquisición por parte de la Biblioteca Nacional, procedió en 1960 a la publicación de los diplomas coëns de Willermoz, «*el primero, del 23 de mayo de 1767, y que registra su ordenación como «Aprendiz, Elegido Coën, Gran Arquitecto, Caballero y Comendador de Oriente y Occidente, tiene unas medidas de 647 mm por 519 y lleva 2 sellos. El segundo, fechado de mayo de 1768, es su diploma de Réau+Croix, comportando 3 sellos y midiendo 655 mm por 515».*» Cf. A. Joly, *Les diplômes coëns de J.-B. Willermoz*, in *L'Illuminisme au XVIIIe siècle*, Cahiers de la Tour Saint-Jacques, II, III, IV, 1960, pp. 216-223), es sin embargo reafirmada por él mismo en una carta de 1822, época muy alejada de la fecha oficial de la desaparición de la Orden de los Elegidos Coëns, mostrándonos su constante fidelidad y su apego a la enseñanza martineziana, este correo que tenía por finalidad ser utilizado como «*consejos para la lectura del Tratado de la reintegración de los seres de Pasqually*», deja en-

una eventual y posible ayuda o benevolente estímulo recibido por parte de Louis-Claude de Saint-Martin, como nos indican positivamente los términos de una carta del 19 de septiembre de 1784 escrita por el Filósofo Desconocido al reformador lionés.

II. LA ESENCIA DEL RÉGIMEN RECTIFICADO Y LA NOCIÓN DE TRADICIÓN

Otro aspecto, absolutamente contradictorio, entre la doctrina del Régimen Escocés Rectificado y René Guénon, y quizás incluso, si cabe, más radicalmente incompatible, y que es preciso sobre todo no subestimar, tiene que ver con la noción de «Tradición», contemplada por Willermoz, en esto perfecto cristiano y discípulo de Martines de Pasqually, de manera muy distinta, cuando menos, de la manera sostenida por el autor del *Simbolismo de la Cruz*. Se podría considerar que este segundo punto es más periférico en relación al primero, y que la demostración de los errores precedentes relativos a la naturaleza del Régimen Rectificado bastaría ampliamente para dejarlo claro, haciendo que no fuera necesario insistir más sobre el particular. Nada sería más falso e imprudente, ya que las afirmaciones críticas de Guénon al encuentro de la corriente willermoziana están todas interpretadas, no lo olvidemos nunca, por una teoría global en radical oposición con las concepciones cristianas del Régimen Rectificado. Es lo que vamos a examinar ahora, lo que por otra parte nos permitirá darnos cuenta, de manera muy nítida, de la inmensa fosa que separa las posiciones guenonianas de las concepciones de Jean-Baptiste Willermoz, y sobre todo del papel simbólico y espiritual fundamental ju-

---

tender que pudieran quedar todavía en vida Réau+Croix desconocidos para Willermoz, y en consecuencia capaces de proseguir las operaciones y conservar la doctrina de Martinès. Esto es lo que escribe Willermoz al barón de Turkheim: «*De todos los Rx...*[sc, Réaux-Croix] *que he conocido particularmente, no queda ninguno vivo. Por lo que me sería verdaderamente imposible indicaros alguno cercano a mí. Dudo inclusive que en los tiempos que corren sea adecuado preparar a alguno, pero todos sabemos que el Todopoderoso pleno de amor y misericordia puede, cuando le plazca, hacer nacer de las mismas piedras a los hijos de Abraham.*» (Carta del 21-31 de marzo de 1822 al barón de Turkheim, MS 5900, Biblioteca de Lyon.)

gado por *Phaleg* en el seno del Régimen, llevándonos a captar su identidad innata.

a) La Tradición primordial según Guénon

Para Guénon[8] las formas tradicionales de nuestro presente *Manvantara*, o era temporal, conservan muy concretamente, incluso si en ocasiones lo hacen de manera muy indirecta, un vínculo con la «*Tradición primordial*», que califica por otra parte de *hiperbórea* a causa de su origen «polar» que, por su carácter primero, sería la Tradición fundamental presidiendo la fuente de difusión del Conocimiento sagrado en el seno de nuestro ciclo actual. Esta Tradición denominada «*primordial*», es decir, la más antigua tradición de la humanidad, sería la Tradición primera común al conjunto de tradiciones dichas auténticas y «ortodoxas», cuyos rastros y signos aparecen muy legiblemente en los símbolos, ritos y mitos de la Tradición universal.

Por otra parte, según la concepción guenoniana, la naturaleza «polar» de la Tradición primordial le conferiría un carácter central, es decir, no reducible a las categorías clásicas utilizadas para situar la zona geográfica de origen de una forma espiritual o religiosa particular, categorías que se dividen, como sabemos, para nuestra era actual en dos ámbitos distintos: Oriente y Occidente. La Tradición primordial se expresaría pues actualmente por mediación del simbolismo, verdadero lenguaje universal que sobrepasa las diferencias entre civilizaciones o religiones, en razón justamente de esta pertenencia común a una idéntica memoria anterior.

La Tradición primordial juega así un papel paradigmático en Guénon, lleva en substancia, puesto que en la concepción cíclica, a diferencia de la visión cristiana, todo va de una fuente de perfección, del Principio, punto de partida simple y unificado, hacia un estado de disolución que ve el fin de un ciclo y el comienzo de otro, como lo explica la doctrina india del *Sanâtana Dharma* (Orden universal), la esencia de «la Unidad» original.

---

[8] R. Guénon, *Formas tradicionales y ciclos cósmicos*, «Atlántida e Hiperbórea», «Lugar de la tradición atlántica en el Manvantara», «Cábala y ciencia de los números», «La Cábala judía», «La Tumba de Hermes»; *Símbolos fundamentales de la ciencia sagrada*, capit. III, «El Sagrado Corazón y la leyenda del Santo Grial», capit. X, «El triple recinto druídico», capit. XI, «Los Guardianes de Tierra santa», capit. XVII, «La letra G y la esvástica», capit. XVIII, «Algunos aspectos del simbolismo de Jano», capit. XXXV, «Las puertas solsticiales».

b) La Tradición según la religión cristiana

Imaginamos fácilmente lo que tales concepciones pueden tener de chocantes y sobre todo de inadmisibles para un discípulo de Cristo, que rechazará admitir, como escribe Jean Tourniac, el cual criticará sin embargo esta posición: «*todo aspecto igualando la tradición cristiana con otras tradiciones*[9]». Ahora bien, y conviene señalarlo, el carácter original de la tradición cristiana viene del hecho de que no se relaciona a una tierra, a una herencia simbólica particular, a un conjunto de costumbres o mitos que serían comunes al resto de la humanidad, sino que está ligada y es dependiente de una «Revelación» y de un culto transmitidos, no por una civilización, sino por un linaje, una descendencia que es la de los Patriarcas, los Justos y los Profetas finalizando en el Mesías, por el misterio de la Encarnación de Cristo Jesús.

En este aspecto, la tradición cristiana, que se dice poseedora y heredera de la Palabra revelada de Dios, unida al Verbo, el *Logos*, no puede ser tan solo una «ramificación» de la Tradición primordial, una «rama desprendida» del tronco poderoso y fecundo de la Tradición universal representada por Oriente, que la habría conservado en su máxima pureza, sino, muy al contrario, al menos para un cristiano, es el corazón, el núcleo de la auténtica «Tradición», es decir, aquella que detenta el depósito de la Revelación, «Revelación Divina» primitiva confiada y transmitida por Dios a los Patriarcas, a los Justos y a los Profetas.

Es importante comprender pues que, desde el punto de vista cristiano, que es el sostenido y enseñado por el Régimen Escocés Rectificado, la palabra «Tradición» no se aplica indistintamente al conjunto de la herencia simbólica o mitológica de la humanidad. La palabra «Tradición» está exclusivamente reservada a la «Revelación» que se efectuó bajo forma oral, siendo objeto más tarde de una transcripción que recibirá el título de

---

[9] J. Tourniac, *Melkitsedec ou la Tradition primordiale*, Dervy, 1983, p. 26. Un poco más adelante Jean Tourniac afirmará: «*En esta perspectiva, toda religión monoteísta se encuentra alineada de nuevo con el mismo distintivo que la que le precede o la que le sucede, o que todas las tradiciones existentes concurran con ella en un determinado momento histórico. Más aun, cualquier religión no puede poseer una absoluta superioridad en relación a las otras, en cuanto a la posesión de la Verdad. Al igual que no hay más que una Verdad, no hay más que una Tradición, principio de todas las otras.*» (*Ibid.*, p. 29).

«Santas Escrituras» en las que el Cristo, el Mesías, es la culminación de las promesas[10].

Guénon, que tropieza en la naturaleza «exclusiva» y no universalista de la Revelación, en la medida en que ésta declara que sólo Cristo lava y libera a los hombres de la «falta original», quien, por otra parte, en su visión sitúa la Palabra del Evangelio en una relación de «subordinación» ante una metafísica considerada como «no humana», superior a todas las formas tradicionales, afirma claramente que no puede aceptar la pretensión del cristianismo de detentar, de manera solitaria, un carácter sobrenatural y trascendente: «*(...) siempre es la misma cosa,* escribe: *afirmación de que el cristianismo posee el monopolio de lo sobrenatural y es el único en tener un carácter «trascendente», y que por consecuencia, todas las otras tradiciones son «puramente humanas», lo que de hecho, viene a decir que no son en absoluto tradiciones, sino que más bien serían asimilables a «filosofías» y nada más (...) dicho de otra manera, únicamente el cristianismo es una expresión de la Sabiduría divina; pero desgraciadamente no son más que afirmaciones (...) todo esto se acompaña de una argumentación puramente verbal, que solo puede parecer convincente para aquellos que ya están convencidos de antemano, y que vale lo mismo que la que los filósofos modernos emplean, con otras intenciones, cuando pretenden imponer límites al conocimiento y quieren negar todo lo que es de*

---

[10] Una declaración poco conocida de Guénon habría podido sin embargo alertar a algunos, puesto que ya sostenía en uno de sus primeros textos, no sin una cierta intransigencia, una posición de estricta «ortodoxia» musulmana encubierta de integridad «metafísica», de la que da testimonio este artículo aparecido en 1909 en la *Gnosis*, relatando una respuesta que dio a un lector, en la que parece considerar con muy pocos remilgos, y un tanto de desprecio, el misterio cristiano de la Encarnación: «...*En primer lugar, al margen de lo que pueda decir el Sr. X..., su Dios ciertamente no es el nuestro, ya que él cree evidentemente, como por otra parte todos los occidentales modernos, en un Dios «personal» (por no decir individual) y un tanto atropomorfo, el cual, en efecto, no tiene «nada en común» con el Infinito metafísico. (En nota: Por otra parte, la misma palabra Dios está hasta tal punto ligada a la concepción antropomórfica, se ha convertido hasta tal punto en incapaz de corresponder a otra cosa, que preferimos evitar su empleo lo más posible, aunque sea por señalar mejor el abismo* (sic) *que separa la Metafísica de las religiones). Podemos decir lo mismo de su concepción de Cristo, es decir, de un Mesías único, que sería una «encarnación» de la Divinidad* (re-sic!) *... por nuestra parte reconocemos, al contrario, una pluralidad (e incluso una indefinición) de las «manifestaciones» divinas, pero que no son en modo alguno «encarnaciones», ya que antes de todo importa mantener la pureza del monoteísmo, que no podría estar de acuerdo con parecida teoría».* («*La Gnose et les écoles spiritualistes*», in *Mélanges*, Gallimard, 1976, p. 200).

orden supra-racional[11]». Prosiguiendo sobre su convicción, la confesión de Guénon, como conclusión de otro artículo, es de un gran interés, ya que desvelará claramente el fondo de su pensamiento: «*(...) ningún entendimiento es realmente posible*, declara, *con quien tiene la pretensión de reservar a una sola y única forma tradicional, con exclusión de todas las demás, el monopolio de la revelación y de lo sobrenatural*[12]».

c) Incompatibilidad doctrinal entre el Régimen Escocés Rectificado y Guénon

Parece pues evidente, si queremos detenernos a reflexionar sobre ello un instante, y este elemento no es secundario, que la gran laguna del pensamiento guenoniano viene de su completo olvido de la dimensión antropológica de la cuestión espiritual. El hombre, para Guénon, está situado en el centro de un torbellino cíclico que le es casi exterior, extraño. Dependiente de leyes cósmicas que lo sobrepasan ampliamente, jamás es preguntado, en esta concepción que podríamos casi definir como de naturaleza «mecanicista», lo que reemplaza la responsabilidad del hombre. Este aspecto del problema, desde el punto de vista metafísico, no es a descuidar, ya que la doctrina de los ciclos presupone una suerte de eternidad, de continuidad casi sustancial del universo, o de los universos.

Ahora bien, el universo, es decir, la totalidad absoluta de los mundos, a imagen de todas las cosas creadas, no es eterno, no posee permanencia ontológica, es perecedero, frágil, fugaz, sometido a la limitación, finito y mortal. Nadie contestará que haya habido al comienzo de la humanidad una comunicación de Dios a los hombres, representando los fundamentos de una Tradición original, de una «religión primera» cuyos rastros son perceptibles y bien visibles, aunque profundamente degradados, en los diferentes pueblos.

Si esta primera «Revelación», no escrita, que fue objeto de comunicación por Dios a los Patriarcas, los padres de la humanidad, de sus enseñanzas y sus leyes después de la expulsión del Edén de Adán y Eva, se convertirá en el fundamento de una Tradición primitiva que a buen dere-

---

[11] R. Guénon, *Etudes sur l'hindouisme*, Editions Traditionelles, 1973, pp. 282-283. Hay edición en castellano: *Estudios sobre el hinduismo*, Ediciones Vía Directa, S.L. 2007.
[12] *Ibid.*, p. 274.

cho podemos nombrar como «Tradición Madre» según Louis-Claude de Saint-Martin[13], sin embargo es preciso señalar a continuación que esta Tradición se divisa casi inmediatamente, y ello desde el episodio relatado en el libro del *Génesis*, cuando la separación que sucederá entre el culto falso de Caín y aquel otro, bendito por el Eterno, celebrado por Abel el justo. El culto de Caín, en efecto, únicamente basado en la religión natural, era una simple ofrenda de alabanza desprovista de todo aspecto sacrificatorio, mientras que el culto de Abel, que sabía que después del pecado original ya no era posible, ni sobre todo permitido, reproducir la forma anterior que tenían las celebraciones edénicas, dio a su ofrenda un carácter expiatorio que fue aceptado y agradable a Dios, constituyendo el fundamento de la «Verdadera Religión», la religión sobrenatural y santa.

d) El sentido de «Phaleg» en el plano tradicional

De tal manera los dos cultos de Caín y Abel van a dar nacimiento, desde la aurora de la Historia de los hombres, a dos tradiciones igualmente antiguas o «primordiales», si queremos utilizar este término guenoniano, pero absolutamente no equivalentes desde el punto de vista espiritual, de donde el lugar y la importancia del nombre «Phaleg» atribuido a los Aprendices del Régimen Rectificado, a fin de substraerlos de la filiación cainita reprobada por Dios y ponerlos bajo los auspicios de la Tradición bendita y amada del Eterno.

Si nos quedamos en el simple criterio temporal, como hace Guénon en su concepción de la Tradición, sin distinguir y poner a la luz el criterio sobrenatural, entonces es efectivamente posible ensamblar, bajo una falsa unidad, estas dos fuentes, para hacerlas elementos comunes de una uní-

---

[13] *«Las religiones falsas han tenido igualmente necesidad de un núcleo primitivo que las haya engendrado y de una vía sensible y manifiesta a través de la cual hayan hecho su propia revelación, sin lo cual no serían más conocidas que las religiones verdaderas. He aquí porqué no se puede conocer nada de positivo y cierto ni en uno ni en otro género, si no nos remontamos hasta la fuente radical de la revelación de todas estas instituciones (...) De lo que resulta que, puesto que entre todas las religiones, la verdadera ha debido, como todo lo que existe, hacer directamente su propia revelación y debe demostrar su auténtica y esencial realidad, explicándose a sí misma luminosamente, aplicándose positiva y eficazmente a la enfermedad radical del hombre y poniéndose a prueba, por el hecho y por su acción activa y curativa, en el alma y en el espíritu de todos los hombres que quieran estudiarse con atención, sin deferencia ni reservas...»* (Del espíritu de las cosas, t. I, *«Tradiciones madres»*.)

voca y monolítica «Tradición Primordial» indiferenciada, encontrándose en el origen de todas las religiones del mundo, en igualdad de antigüedad y «dignidad», puesto que salidas de similar cepa merecen el mismo respeto y recibir el mismo carácter de sacralidad.

Pero es evidente, y extremadamente claro, que hay un grave error al confundir en una sola «Tradición» dos corrientes del todo opuestas, dos cultos radicalmente diferentes y contrarios, antitéticos; uno el de Caín, trabajando por la glorificación de los poderes de la tierra y la naturaleza (y así pues de los demonios, que por ser espíritus no son más que «fuerzas naturales»), con miras al triunfo y dominio del hombre auto-creador, religión prometeica expresada por la voluntad de acceder por sí mismo a Dios (los frutos de la tierra, en este aspecto, simbolizando los antiguos mitos paganos), mientras que el otro culto, a la inversa, el de Abel, fiel al Eterno y a sus santos mandamientos, consciente de la irreparable falta con que en lo sucesivo estará manchada toda la descendencia de Adán, y que exige que sea celebrado por los elegidos de Dios una soberana «operación» de reparación, a pesar de los inefables rastros del pecado original de los que el hombre es portador, para ser reconciliado y purificado por el Cielo.

Comprenderemos sin duda alguna por qué, inmediatamente, Jean-Baptiste Willermoz, tras los sagaces consejos del Agente Desconocido, juzgará necesario, el 5 de mayo de 1785, por una decisión ratificada por la Regencia Escocesa y el Directorio Provincial de Auvernia, apartar el nombre de Tubalcaín de los rituales rectificados sustituyéndolo por el de Phaleg, reconocido como el fundador de las «*justas y perfectas*» Logias[14].

Tubalcaín es, en efecto, el representante por excelencia de una peligrosa degeneración de los oficios del fuego y los forjadores, encarnando los aspectos más maléficos de la metalurgia y del Arte Real por una práctica

---

[14] Tubalcaín fue rechazado de los rituales en provecho de Phaleg por el Directorio Provincial de Auvernia por los motivos siguientes:
1. Tubalcaín es el hijo de Lamec, un bígamo.
2. Inventor del arte de trabajar los metales, no puede ser atribuido a los Aprendices que acaban justamente de abandonarlos. Es el emblema de los vicios, en especial de los sexuales.
3. Representante de una línea antidiluviana borrada por Dios, debe ceder el paso a Phaleg, «fundador de la única y verdadera iniciación». (MS 5868, nº 73, Biblioteca municipal de Lyon, Fondos Willermoz).

desprovista de humildad y sumisión respecto a Dios: «*padre de todos los forjadores de cobre y hierro.*» (*Génesis* 4, 22).

Hay pues entre Phaleg y Tubalcaín una total contradicción, una distinción absoluta entre las familias a las que pertenecen, una significativa incompatibilidad que pareció a Jean-Baptiste Willermoz que debía ser claramente redirigida y corregida, puesto que no le resultaba decentemente aceptable ver subsistir en los rituales del Régimen Rectificado una referencia a un personaje marcado por el sello de la reprobación, y más aún cuando la intención de los trabajos de reforma efectuados en el Convento de las Galias de 1778, y el Convento de Wilhelmsbad de 1782, tenían por objeto situar el nuevo sistema como prolongación de la «*Alta y Santa Orden de los Elegidos del Eterno*», haciendo positivamente de los «*Caballeros Bienhechores de la Ciudad Santa*», los lejanos herederos de la línea de los Justos y piadosos servidores del Eterno, situándose en la filiación directa de Abel, Set y Sem[15].

e) La Tradición según Martines de Pasqually y Willermoz

Como nos lo explica Martines de Pasqually en el *Tratado de la reintegración*[16], desde el mismo origen no hay una sola Tradición, sino dos

---

[15] Es interesante saber que la palabra «Thebel» en hebreo, de donde proviene Tubalcaín, tiene por significado, como mostrará M. Berger en su presentación del *Manuscrito Dumfries n° 4*, «violación del orden», «mezcla», «incesto», «sodomía», «unión abominable», «confusión», confusión que está en relación directa con el libro del *Génesis*, en su capítulo once, en el versículo nueve, donde se hace alusión a la «*confusión de las lenguas*» que siguió a la destrucción de la torre de Babel, trazando un sorprendente parentesco entre Caín, Tubalcaín y Nemrod, como lo señala la *Jewish Encyclopedy*, famoso Nemrod que fue «bravo cazador delante el Eterno», pero que, sobre todo, «*Reinó sobre Babel, Erek y Acad, en el país de Senaar.*» (*Génesis* 10, 10). Este vínculo con Babel no debe sorprendernos, pero confiere sin embargo una inquietante continuidad entre la empresa babeliana y las propias aspiraciones de Tubalcaín. En cuanto a Phaleg, de la raza de Sem, contrariamente a Tubalcaín, más allá de estar vinculado de lejos o cerca a la construcción de la torre de Babel, es uno de los hijos de Héber, el ancestro de los hebreos situado directamente en la genealogía de Abraham: «*A Héber le nacieron dos hijos: el nombre de uno fue Péleg* (Phaleg) *porque en sus días fue dividida la tierra. Su hermano se llamaba Yoqtán. (...) Su asiento se extendió desde Mesa, en dirección a Sefar, al monte del Oriente.*» (*Génesis* 10, 25; 30).

[16] «*Abel se comportó como Adán hubiera debido comportarse en su primer estado de gloria con el Eterno: el culto que Abel rendía al Creador era el modelo real de lo que el Creador esperaba de su primer menor. Así mismo, Abel era un ejemplo palpable de la manifestación de la gloria divina, que se operaría un día por el verdadero Adán, o Réaux, o Cristo, para la reconciliación perfecta de los descendientes pasados, presentes y futuros del primer hombre, siempre que siguiesen el plan trazado por la pura misericordia divina, al igual que el modelo de Abel lo había ya predicho por todas sus operaciones a Adán y a sus tres primeros hijos.*» (Tratado, 57).

«tradiciones», dos cultos, lo que significa dos religiones, una natural, reposando únicamente en el hombre, y la otra sobrenatural, poniendo todas sus esperanzas únicamente en Dios y su Divina Providencia. La sucesión de acontecimientos no ha dejado de confirmar este constante antagonismo, esta rivalidad y separación entre dos «vías» diferentes en permanente oposición, haciéndolas rigurosamente extrañas e irreconciliables.

La posteridad de Abel, después de su muerte, imagen viviente de la «Tradición» fiel a la Palabra del Eterno, será sucesivamente representada por los principales Patriarcas que serán los poseedores y guardianes de la Revelación Divina «primitiva», y así pues de los nombres que nos son dados por las Escrituras que nos hacen conocer diez: Adán[17], Set, Enós, Cainán, Mahalaleel, Enoc, Matusalén y Lamec padre de Noé. Ellos son los que transmitieron, sin alterarla, la Tradición Divina que habían recibido, enriqueciéndola y desarrollándola, mientras que al mismo tiempo, paralelamente a este pequeño linaje de Patriarcas que velaban celosamente sobre las enseñanzas santas y puras, manteniendo con devoción el culto sagrado al Eterno, la inmensa mayoría de hombres era inspirada por la falsa tradición natural de Caín, por la religión desviada y pervertida productora del vicio, del crimen, de la impiedad, de la impudicia, del desenfreno y la corrupción generalizada de costumbres y valores.

¿Qué esconde, en realidad, una voluntad de apertura hacia las tradiciones no cristianas en Guénon, que pudiera parecer, a primera vista, generosa, y de la que se guarda a la vez de clamar demasiado fuerte el resultado, desenlace que sin embargo Guénon había perfectamente descrito en términos sobre los cuales no podemos dejar de pensar, y con los que nos entrega la verdadera clave del enigma que se disimula como proyecto detrás de esta idea de «Tradición primordial»?: «*La tradición hindú y la tradición islámica son las únicas que afirman explícitamente la validez de todas las otras tradiciones ortodoxas; y si es así, es por que, siendo la primera y la última en el curso del* Manvantara, *ellas deben integrar igual-*

---

[17] Debemos distinguir dos tiempos en el culto celebrado por Adán: aquel que era completo y perfecto, anterior a la Caída, y el segundo, necesariamente modificado en su forma, practicado a partir de la expulsión del Edén, obligando a una «sacralización» que se hacía indispensable, sacralización que pasaba por un sacrificio y una expiación que eran exigidos como consecuencia de la falta cometida contra Dios. La ofrenda, fuera del jardín del Edén, del Adán hecho culpable, debería ser en lo sucesivo separada de las cosas profanas; era preciso que se hiciera «sagrada».

mente, aunque bajo modos diferentes, todas estas formas diversas que se han producido en el intervalo, a fin de hacer posible el «retorno a los orígenes» por el que el fin de ciclo deberá volver a su comienzo, y que en el punto de partida de otro Manvatara, *manifestará de nuevo al exterior el verdadero* Sanâtana Dharma[18]».

La idea oculta es la de una incorporación, la de una «integración» de la tradición occidental en el seno de la tradición oriental, de una verdadera «absorción» por la cual sería disuelta y devuelta a su pretendida «fuente» a fin de que pudiera cumplirse el último «retorno a los orígenes» prefigurando el final del actual *Manvatara* y el surgimiento de uno nuevo que se comprometería, a su vez, en un movimiento cíclico dividido en diferentes edades o períodos, y así eternamente.

Por otra parte, apoyando y confirmando su convicción, al igual que justificando el terrible destino que le está reservado, el juicio despreciativo de Guénon respecto al cristianismo no adolece de ambigüedad ninguna: «*(...) en despecho de los orígenes iniciáticos del cristianismo, éste, en su estado actual, ciertamente no es más que una religión, es decir, una tradición de orden exclusivamente exotérico, y no tiene en sí mismo otras posibilidades que las de todo exoterismo; por otra parte, tampoco lo pretende en modo alguno, puesto que no aspira a otra cosa que a obtener la «salvación». Una iniciación puede naturalmente superponérsele, e incluso así debería ser para que la tradición sea verdaderamente completa, al poseer efectivamente los dos aspectos exotérico y esotérico; pero al menos en su forma occidental, esta iniciación, de hecho, no existe en la actualidad.*»[19]

Tal es la secreta visión guenoniana, y la estupefaciente consecuencia a la que conduce esta alucinante doctrina que subordina la Revelación cristiana a la religión cósmica reprobada por Dios. En efecto, lo que fundamenta la esencia de la verdadera y auténtica Tradición, volvamos a decirlo, viene del carácter justo y perfecto del culto que se celebra al Eterno. Si una transmisión está corrompida en su origen, sea cual sea su anterioridad y su antigüedad, su «primordialidad», podríamos decir, conserva su naturaleza viciada y no presenta ningún interés desde el punto de vista espiritual; conti-

---

[18] R. Guénon, *Etudes sur l'hindouisme*, op. Cit., p. 114.
[19] R. Guénon, «*Christianisme et initiation*», in *Aperçus sur l'ésotérisme chrétien*, Editions Traditionnelles, 1983, pp. 39-40. Hay edición en castellano: *Esoterismo cristiano*, Ediciones Vía Directa, S.L. 2007.

nua marcada por el sello de la reprobación y constituirá una rama marchita portadora de una esencia alterada. Podríamos por este hecho, y en este aspecto, tratándose de elementos tradicionales, hablar de una Tradición santa y auténtica a continuación de la cual conviene, humilde y fielmente, situarse, y de una tradición «apócrifa» como la nombrará Martines de Pasqually, la cual debe ser vigorosamente apartada por inexacta y falsa, nutrida como está por la revuelta y la insumisión a ojos de Dios. Es por lo que, separándose de esta falsa tradición, los hermanos del Régimen pueden participar de una vía según el espíritu que les vale ser distinguidos con el título significativo de «*Bien amados*», representando una «*puesta a parte por Dios*», un substraerse del Mal, una separación según el sentido del nombre *Phaleg* dado a cada Aprendiz cuando su entrada en la Orden[20].

CONCLUSIÓN

Podemos constatarlo: la crítica de las concepciones guenonianas, en particular relativas a la noción de Tradición, nos obliga a precisar mejor, y sobre todo a comprender mejor la extensión de nuestros deberes si queremos asumir la herencia willermoziana. Nada es más eficaz que estas aclaraciones para permitirnos tomar conciencia de aquello a lo que pertenecen, bajo el nombre de «Tradición», los masones rectificados, y lo que los distingue de otras corrientes iniciáticas.

Así pues, si somos sabedores de lo que es el Régimen Escocés Rectificado y su naturaleza, y lo que lleva en esencia, nuestra relación con la acción iniciática se verá evidentemente transformada, renovada e iluminada, ya que estaremos en disposición de evaluar la responsabilidad propia que tenemos y que nos incumbe, tanto en la conservación del Rito como en la preservación de su doctrina.

---

[20] Jean Tourniac estuvo sin duda un día divinamente inspirado cuando escribió esto a propósito del sentido y del papel de Phaleg en el seno del Régimen Rectificado, participando de una muy justa y pertinente percepción espiritual: «*La maldición profética tiene valor de advertencia divina y sería imprudente «acometer» a Phaleg, si se nos permite, sea ignorando el tipo de separación que simboliza, sea considerándolo como descalificado por la Orden masónica, como consecuencia de su presencia en los grados azules del Rito Rectificado o inversamente.*» (J. Tourniac, *Un nom très juif dans un rituel très chrétien : un certain «Phaleg»*, in *Vie et perspective de la Franc-Maçonnerie traditionnelle,* Dervy, 1978, p. 170).

Nosotros poseemos, en tanto que francmasones surgidos de la Reforma de Lyon, una transmisión original conferida por la práctica del Régimen Escocés Rectificado, cuyos fundadores y referencias nos son conocidas, las convicciones son perfectamente explícitas, los principios claramente identificados, y es normal y legítimo que busquemos aproximarnos lo más posible a estas fuentes íntimas que nos han sido dadas cuando nuestra iniciación, y generosamente ofrecidas cuando recibimos el «*interesante título de Hermano*».

Hay en este esfuerzo de coherencia que hemos emprendido la voluntad de progresar hacia las bases auténticas de nuestra iniciación. El esoterismo cristiano es pues el esoterismo de los «*hijos de Dios*», de los hijos del Único «*Verbo Divino*» que es el verdadero «*Oriente*», y es por lo que podemos tener confianza en los «*frutos*» magníficos de nuestro bautismo y aquellos otros transmitidos por nuestro camino iniciático en el seno del Régimen Escocés Rectificado. Esta vía iniciática, preciosa, vamos a proseguirla y a edificarla juntos, para que mañana resplandezcan extensamente las luces del Régimen Escocés Rectificado y de la Francmasonería cristiana. De esta obra común seremos, y de ello estoy absolutamente convencido, felizmente recompensados con fecundas bendiciones.

David Suárez Dorta (Tenerife, 1971). Investigador y escritor. Formado como Diseñador Gráfico y Gestor Cultural. Ha trabajado en radio y prensa, así como educador y diseñador gráfico en varias empresas. Por otro lado, siempre ha sentido gran atracción por el mundo de la meditación, el simbolismo, el esoterismo y las sociedades secretas.

Actualmente es director de la revista *Cultura Masónica*, además dirige y presenta el programa de podcast *Biblioteca oculta*. Es autor de la conocida obra *Rosacruces, historia y personajes* (2019, Ed. Almuzara). También del libro *Misterios y mitos del pasado* (Ed. Delfos), donde recoge diversas visiones mitológicas y esotéricas sobre el origen del universo y el ser humano. En su trabajo *Historia del esoterismo en España* (Ed. Almuzara), hace un exhaustivo repaso por la presencia de agrupaciones iniciáticas y disciplinas herméticas en este país, desde la Antigüedad hasta nuestros días.

LA ANTITEOSOFÍA:
CATOLICISMO, GUÉNON Y LOS TRADICIONALISTAS

David Suárez Dorta

En 1875 tuvo lugar en la ciudad de Nueva York la fundación de la Sociedad Teosófica de la mano de tres personajes, William Quan Judge, Henry Steel Olcott y, sobre todo, Helena P. Blavatsky (HPB), verdadera artífice de este proyecto.

Al poco de fundarse, esta organización tuvo gran difusión por todo el mundo occidental, y casi todas las ciudades importantes de Europa y Norteamérica contaban con, al menos, un grupo de seguidores.

La teosofía entró en España en la última década del s. XIX, por la iniciativa de dos personajes, José Xifré Hamel y Francisco Montoliu y de Togores. Prácticamente desde el comienzo, la Sociedad Teosófica Española disfrutó de una gran actividad, debido a la gran motivación de sus miembros en la traducción de libros teosóficos, conferencias, exposiciones y la edición de revistas propias. A pesar de que esta sociedad nunca contó con muchos miembros, sí que repercutió considerablemente en la sociedad del país, y en general sus ideas fueron bien acogidas. Esto ocurrió en paralelo al dinamismo que a nivel internacional esta organización mostró.

LA ANTITEOSOFÍA: CATOLICISMO, GUÉNON
Y LOS TRADICIONALISTAS

Tanta actividad tuvo sus consecuencias. Pues, desde el principio, la Sociedad Teosófica despertó las sospechas de los representantes de religiones occidentales. Sobre todo en la India, Birmania y Ceilán (hoy Sri Lanka), los misioneros que trabajaban por convertir a los nativos al cristianismo protestante con la ayuda del poder colonial, aunque sin mucho éxito, vieron en esta organización un obstáculo más. Pues los teósofos empoderaban a los indios, cingaleses y birmanos, diciéndoles que su religión, en la práctica, estaba muy por encima de la que sus paisanos occidentales les intentaban inculcar.

En el caso de la Iglesia católica, desde 1919, se pronunció contra la Sociedad Teosófica. Pero en España, desde antes, se empezaron a publicar artículos en revistas religiosas contra esta. En realidad, era algo que se hizo de forma paralela en otros países católicos. En muchos casos, tales artículos no eran sino traducciones de lo que se hacía fuera y, en general, contenían más insultos e injurias que argumentos. Por ejemplo, encontramos este recorte, que indica:

> Son la inmensa mayoría de sus socios cristianos y católicos; y a ellos nos dirigimos para decirles que todos los afilados a la masonería y al teosofismo, están condenados por la iglesia y excomulgados; no pueden actuar como padrinos de bautismo y confirmaciones, ni como peritos y testigos en las causas eclesiásticas; y de morir impenitentes, se les tiene que negar la sepultura en los cementerios católicos.[1]

Este escrito, ni mucho menos representa lo más beligerante que podemos hallar. Los hubo más agresivos. Recordemos que la Sociedad Teosófica Española nunca llegó a los quinientos miembros en nuestro país, a diferencia de los miles de masones, así como de los muchos espiritistas. Por lo que es lógico preguntarse el porqué de tal ensañamiento contra esta organización. Lo primero, es que la Iglesia veía en todo eso un enemigo común, aunque no fueran lo mismo, e incluyamos en ese bando a otras organizaciones como el rosacrucismo, e incluso a los protestantes. Representaban otra opción, ante un catolicismo que había gozado durante cuatro siglos de total hegemonía en este territorio. Además, en el caso de la

---

[1] *Diario de Almería*, 11 de mayo de 1921, titulado *Un peligro gravísimo: La Masonería y el Espiritismo en el Círculo Mercantil*. Fuente: PENALVA MORA – Tesis Doctoral.

LA ANTITEOSOFÍA: CATOLICISMO, GUÉNON
Y LOS TRADICIONALISTAS

teosofía, era trasmisora de algo totalmente nuevo, las religiones de Oriente, con sus exotismos, dogmas alternativos, nuevas respuestas para los misterios de la vida y la muerte, otras técnicas espirituales... En definitiva, la Iglesia de esa época, no estaba dispuesta a perder almas ni poder, y para ello puso a funcionar los medios de los que disponía.

Añadamos que, en el caso concreto de nuestro país, hubo alguna fricción con ciertos sectores del movimiento espírita desde 1894, ya que la teosofía consideraba a estos gente cercana, pero no así sus técnicas, por erróneas. Por otro lado, estos temían que en el fondo sus filas se vieran reducidas ante un hipotético paso de miembros a las doctrinas y los centros de la Sociedad Teosófica. De hecho, muchos lo hicieron, sobre todo en Barcelona, aunque en algunos casos continuaron perteneciendo a la vez al movimiento espírita. Pero esos sucesos no fueron realmente importantes. Incluso, en ocasiones, vamos a ver que las revistas y boletines de dichas agrupaciones contenían artículos y referencias de ambas. Lo que sí supuso un problema constante, fue con los mismos sectores que en otros países: la religión oficial.

Con lo que el asunto fue en aumento, ya que, en hojas parroquiales, sermones en el púlpito y otras tribunas católicas, se la atacó. Sacerdotes como el jesuita Ugarte de Ercilla o Juan Tusquets, fueron dos de los que firmaron textos contra la Sociedad Teosófica. Aunque hubo más, como Tomás Larumbe, Benito Trotiño, Remigio Vilariño, Dionisio Domínguez, Francisco Romero, Ricardo Rodríguez Roji... son otros tantos que escribieron contra esta organización. Como otro ejemplo de esos escritos, destacamos:

> ... hay un campo común donde se alían a menudo protestantismo y teosofismo. Son las sectas moralizadoras y altruistas: naturismo, vegetarianismo, antialcoholismo, educación sexual, *Boy-Scouts*, obrerismo, esperantismo, internacionalismo, *Rotary-Club*, etc., etc. Todas ellas predican la más absoluta tolerancia. Todas coinciden con la vaga moralidad propia de los protestantes modernos y de los teósofos.[2]

Como vemos, para la Iglesia todos esos movimientos representaban una oposición, y, además, algunos tenían en común esas ideas naturistas y ecológicas. Paradójicamente, también hubo sacerdotes adscritos a tales ideas natu-

---

[2] POMÉS VIVES, Jordi – Diálogo Oriente-Occidente... (citando al sacerdote Juan Tusquets)

ristas y vegetarianas. Incluso desde la Iglesia terminaron creándose *Boy Scouts* católicos.

Por otro lado, puede parecer curioso que, entre los escritos que se publicaron desde la Iglesia para atacar a esta organización en nuestro país, se encontraban los de René Guénon[3]. Tales escritos aparecieron en *El mensajero Social del Sagrado Corazón*, entre 1925 y 1927[4]. Indicar que este personaje estuvo muy implicado en los movimientos ocultistas franceses de finales del siglo XIX y principios del XX. Incluso se inició en la masonería, en el rito egipcio, concretamente en una logia que dependía de la Gran Logia Simbólica Española del Rito Antiguo y Primitivo Oriental de Memphis y Mizraim. Parece que su propio paso por el ocultismo parisino y la masonería egipcia no terminó siendo de su agrado, ya que criticó esos movimientos, escribiendo en revistas católicas contra la masonería. También contra la Sociedad Teosófica, llegando a redactar todo un libro dedicado por completo a esta asociación[5]. Él la denominó teosofismo, en un uso de ese término de forma claramente despectiva por su parte, definiéndola como una pseudoteosofía o una pseudorreligión. De forma más concreta, a las enseñanzas teosóficas de Annie Besant (la que fuera tercera presidenta mundial de esta organización), las denominó pseudocristianismo.

Tengamos en cuenta que la inquina de este escritor contra la Sociedad Teosófica, venía incluso desde su paso por el ocultismo. Esto fue así porque la persona que encabezaba todo ese movimiento, Gérard Encausse, más conocido como Papus, rompió con la Sociedad Teosófica, ya que consideraba que esta no tenía vínculo con la tradición esotérica de Occidente, solo con la de Oriente. Eso llevó a Papus a fundar y promover varias sociedades esotéricas, en las que participó muy activamente Guénon, hasta que este último se decepcionó y tomó su propio camino.

A raíz de tal ruptura, optó por una visión más conservadora de la espiritualidad, en la que le daba un valor superlativo a la tradición, por encima de los movimientos esotéricos surgidos por esos tiempos. Consideraba que la espiritualidad de Occidente, solo se reflejaba en cierta forma elemental en dos instituciones: la Iglesia católica y cierta masonería a la que luego se unió, dejando de criticarla. Se refería a la representada por la Gran Logia de Francia. Para él,

---

[3] VV.AA. – Dossier René Guénon – *Cuadernos del Obelisco* nº 1, 1991 – Ed. Obelisco.
[4] Ibídem.
[5] GUÉNON, René – *El Teosofismo: Historia de una pseudorreligión* – Ed. Obelisco.

LA ANTITEOSOFÍA: CATOLICISMO, GUÉNON
Y LOS TRADICIONALISTAS

los tiempos modernos no podían manifestar una verdadera tradición espiritual, ya que nos encontraríamos en una Edad de Hierro o *Kali Yuga* (según el cómputo de las cuatro edades cíclicas de la tradición hindú)[6]. Una época en la que la oscuridad, la maldad, la mentira, la ignorancia y el materialismo imperan. Las dos organizaciones antes nombradas, aunque fuera en parte, según él, podían expresar algo de una época primigenia en la que el ser humano sí podía acceder a lo metafísico de forma plena.

Tal actitud produjo que Guénon se terminara convirtiendo en el promotor de la corriente denominada «Tradicionalismo integral» (también conocida como «Perennialismo»), en la que únicamente se consideran válidas aquellas instituciones enraizadas con una fuente primordial. Los partidarios de esa ideología, rechazan cualquier forma de espiritualidad moderna. En ese saco, por supuesto, hay que meter a la Sociedad Teosófica y sus derivados, aquellas organizaciones esotéricas fundadas por teósofos, así como otras tantas similares. Dicha postura tradicionalista tiene muchos seguidores entre la extrema derecha[7], aunque a ciencia cierta no podemos unir a Guénon a tal tendencia política. De hecho dejó claro que ni su pensamiento ni él mismo debían ser vinculados a corriente política alguna, y dejó claro que no se usaran sus palabras para justificar ningún ideario.

La verdad es que, si bien algunas de las críticas que ese autor hizo a la Sociedad Teosófica son correctas, otras no lo son. Incluso él mismo muestra desconocimiento de algunos dogmas de las tradiciones orientales, aunque se presenta a sí mismo como uno de los pocos occidentales autorizados para comprenderlas. Inclusive, él obvia, en su crítica, que Blavatsky demostró poseer en general una buena noción de las enseñanzas asiáticas, teniendo en cuenta que en aquella época no había el acceso a los textos de esas religiones, tal como hoy sí se puede hacer.

Por ejemplo, en el libro que dedicó a despotricar de la teosofía, afirmaba que en el fondo, Blavatsky, no era sino una médium estafadora, que en sus primeros años se dio al espiritismo. Eso es cierto, pues propició la creación de grupos de este tipo, como el Club de los Milagros, un poco antes de fundar la

---

[6] SUÁREZ DORTA, David – *Misterios y mitos del pasado* (Cap. Ciclos y permutaciones en la historia) – Ed. Delfos.
[7] FRANÇOIS, Stéphane – *Extrema derecha y esoterismo. Una pareja tóxica* – Ed. Sapera Aude.

LA ANTITEOSOFÍA: CATOLICISMO, GUÉNON
Y LOS TRADICIONALISTAS

Sociedad Teosófica. Incluso ejerció de médium. Aunque, también es verdad, que desde poco después de la fundación, ella manifestó que consideraba el espiritismo un camino incorrecto, pues solo despertaba interés por los supuestos fenómenos, y no por la transcendencia de la vida *post mortem*. Además, ambos, Guénon y HPB, coinciden en la opinión de que en las sesiones de espiritismo realmente no se contactaba con los individuos fallecidos, sino con sus cascarones (vehículos del espíritu) vacíos.

Por su lado, ella siempre defendió a los espiritistas, seguramente porque en el fondo los veía cercanos, así como posibles candidatos a aceptar sus teorías. De todos modos, desde 1874, no tuvo más relación con el espiritismo, y el haber pasado por esa tendencia no puede marcar toda su carrera; de la misma manera que el acceso al ocultismo decimonónico de Guénon no lo define como un ocultista. También en tal texto, él indica cosas como que Blavatsky y Olcott contactaron con practicantes de las regiones orientales no iniciados, sino más bien vinculados a corrientes superficiales y degeneradas de estas. Sin embargo, cuando analizamos los vínculos que ellos tuvieron, podemos ver que sí eran representantes legítimos de tales tradiciones (hinduismo, budismo, zoroastrismo e incluso islam).

Pero si hay algo en lo que patinan los postulados de Guénon, es cuando afirma que la reencarnación –uno de los conceptos que más popularizó la Sociedad Teosófica–, era un dogma desconocido en las religiones orientales, y que tal creencia solo constituía la superstición de algunas corrientes degeneradas de religiones asiáticas, introducida en Occidente por el espiritismo y la teosofía, debido a su sesgo socialista. Tal como indicó él mismo en 1928, en la revista *El velo de Isis*:

> Es curioso observar que este término de «reencarnación» se ha introducido en las traducciones de textos orientales solamente a partir de su propagación por el espiritismo y el "teosofismo" del siglo XIX.

A esa conclusión se unen con más argumentos otros escritores, seguidores de su visión tradicionalista. Por supuesto, esto es totalmente falso, pues si hay una creencia común en Oriente es la de la reencarnación. Él insiste, una y otra vez, en que tal concepto es erróneo. Pero solo lo arguye con una gran retórica –como mucho de lo que escribía–, basándose en su propia creencia de lo que hay tras la muerte. Es más, en general, los conceptos que las religiones orientales tienen sobre la reencarnación son muy cercanos a los de la Sociedad Teosófica.

Por su parte, Guénon creía que tras fallecer, el espíritu se desligaba de sus envolturas materiales y anímicas, para luego acceder a otros planos donde continuar su camino: pero no se volvía a nacer en un nuevo cuerpo en este mundo. En cambio, la teosofía de Blavatsky plantea que el espíritu humano también se desliga de tales envolturas, para luego, en un momento dado, volver a nacer de nuevo en nuestro mundo con otro cuerpo. Esto sucedería muchas veces, hasta lograr salir de tal proceso, gracias a la iluminación y a las buenas acciones, lo cual libera al espíritu de tener que volver, y así poder acceder definitivamente al *nirvana*. En esta idea está implícito otro concepto, el de *karma*, palabra que si bien significa literalmente «acción», en el contexto espiritual viene más bien a significar «causa-efecto». Precisamente, cuando gracias a la iluminación espiritual se aprende a no crear más karma negativo que nos ate a este mundo, y sí buenas acciones, se lograría dejar de encarnar. Según plantea la teosofía, esto se consigue en un camino evolutivo de muchas vidas, en un sendero de perfección progresivo. Tal visión será habitual en las sociedades esotéricas surgidas en Occidente, precisamente por influencia de los escritos de la Sociedad Teosófica.

Hay un matiz en la crítica de Guénon al tema de la reencarnación, tal como la presenta esta sociedad, que sí es acertado. Esto consiste en que en los escritos de HPB, une ese dogma al concepto occidental de evolución, concretamente al que derivaba en esas décadas de las ideas de C. Darwin. Es totalmente cierto que en la literatura hinduista y budista no vamos a encontrar que para salir de la rueda de las encarnaciones, y llegar a la liberación, exista un proceso evolutivo, sino que el logro viene dado por un desarrollo voluntario de madurez espiritual. Con lo que, introducir la idea de evolución en ese contexto, puede interpretarse en que tal madurez se produce automáticamente, o al menos sin la participación voluntaria del individuo, tal como la evolución biológica. Para Guénon, esa tergiversación, era un ejemplo de lo perniciosa que era la enseñanza teosófica. Sin embargo, lo cierto es que para él, la misma idea de reencarnación, o la de la evolución biológica científica, eran un error grave; pues de igual modo, este escritor se mostró contrario a los postulados científicos de su tiempo. De hecho, estaba en contra de todo lo que tuviera que ver con la modernidad, la vanguardia científica, la renovación religiosa y el progreso social.

Posiblemente, Blavatsky asimiló ambas ideas, la de progreso y maduración espiritual de la enseñanza oriental, con el de la evolución, en uno de sus tantos intentos de unir conceptos científicos y espirituales. Y si bien es cierto que dicha idea no aparece explícita en los textos védicos ni en los *sutras*, no es menos certero que en tal noción de progreso y logro espiritual podemos comprender el de evolución, tomando tal palabra sin necesidad de unirla a la idea darwiniana.

También este escritor criticó a la teosofía por estar en contra del sistema de castas. Algo que, para él, era otro fallo importante. Pues demostraba que esta no comprendía un sistema tan profundo basado en la auténtica sabiduría ancestral, así como necesaria para el buen funcionamiento de la sociedad. Tal como él mismo expresó, en relación con los colegios que esta sociedad creó en ese país asiático, en los que se enseñaba por igual, sin tener en cuenta esa tradición:

> Naturalmente, el apoyo gubernamental toma como pretexto para llevarse a cabo, las obras educativas fundadas por la Sociedad Teosófica, pero en realidad se justifica más que nada por la lucha que mediante esas obras y otras diversas organizaciones, libra la misma Sociedad Teosófica contra las instituciones tradicionales hindúes, y en especial contra el sistema de las castas, respecto del cual los europeos demuestran generalmente mucha hostilidad porque son incapaces de comprender los principios profundos en los que se basa; además que la civilización hindú se fundamenta toda entera en una tradición ligada a principios de orden puramente metafísico. Por supuesto, los verdaderos hindúes, esencialmente tradicionalistas y que por la razón que acabamos de decir no pueden no serlo, se guardan bien de ponerse en contacto con tal ambiente.[8]

Por supuesto que la Sociedad Teosófica estaba en contra de tal sistema, tal como también lo estaba Gandhi y otros exponentes de la cultura hindú, a sabiendas de las injusticias que producía. Ya que miles de personas vivían –y aún viven– en algo muy cercano a la esclavitud y en total miseria;

---

[8] *Óp. Cit* - GUÉNON - *El Teosofismo...*

LA ANTITEOSOFÍA: CATOLICISMO, GUÉNON
Y LOS TRADICIONALISTAS

parece que esos matices no molestaban a Guénon. Por cierto, la Sociedad Teosófica no obtuvo apoyo gubernamental de las autoridades británicas.

Otro argumento era en lo que se refiere a los maestros con los que se supone que Blavatsky y otros teósofos estuvieron en contacto. Él consideraba que HPB era sujeto de manipulación, llevada a cabo por personajes siniestros, para poder lograr sus malévolos planes antiespirituales. Con lo que, según su visión, tales maestros, no eran sino sujetos malintencionados que se hacían pasar por venerables sabios, pero que en realidad eran seres inferiores. De igual modo, también la veía a ella como una manipuladora, que sugestionaba a los que la seguían, para que creyeran en sus invenciones.

Por todo ello, el espiritismo, la teosofía, algunas corrientes masónicas (como el Régimen Escocés Rectificado, al que criticó demostrando en sus argumentos tener un conocimiento limitado sobre el mismo)[9], el budismo (al que calificó en ocasiones como una herejía de doctrinas brahmánicas, una desviación y la menos interesante de las doctrinas orientales), el ocultismo papusiano, los movimientos esotéricos ingleses de finales del siglo XIX y otras organizaciones modernas, no son en realidad sino lo que él llamaba corrientes pseudoiniciáticas y contrainiciáticas. Aquellas que van en contra de las auténticas doctrinas iniciáticas y metafísicas capaces de regenerar al ser humano. Curiosamente, él cambió de opinión sobre algunos de sus postulados en los últimos años de su vida. Por ejemplo, con el budismo, gracias a las aportaciones de A. Coomaraswamy. Cabe en lo posible que si hubiera conocido a otros personajes u otras fuentes, también hubiera cambiado de pensamiento sobre varios de sus fundamentos, todo lo cual nos hace ver que sus opiniones, aunque razonadas y fundamentadas muchas veces en los textos tradicionales y/o en su contacto con miembros de estas, eran eso, opiniones.

Guénon, al que hay que reconocer que muchos de sus escritos y reflexiones son bastante acertados, y en general sus obras son recomendables[10], también muestra numerosas veces un sesgo fundamentalista, rígi-

---

[9] VIVENZA, Jean-Marc – *René Guénon y el Rito Escocés Rectificado* – Ed. Manakel. (Y ver artículo en esta misma revista).
[10] En ese sentido ver la colección completa que la Ed. Sanz y Torres ha publicado por iniciativa del profesor Javier Alvarado Planas.

do y poco veraz. Él defiende sus postulados con excesiva vehemencia, demasiada, donde parece que pretende sentar cátedra con sus opiniones. Lo más curioso, es que lo hará con meros matices, en los que él quiere hacer ver que son grandes errores, cuando el tiempo ha terminado por no darle la razón en muchos de ellos. De hecho, él critica que el teosofismo estaba impregnando con sus errores a otros movimientos espirituales de Oriente y Occidente. Algo que es totalmente cierto, a un nivel que ni él mismo parece que se percató, pues incluso Guénon, aunque no se diera cuenta de ello, en el fondo defendía varios de los postulados teosóficos que seguramente asumió sin percatarse. Y sus opiniones se parecían mucho más a las de HPB de lo que se supone. Pero ya se sabe, que a veces, a mayores similitudes entre doctrinas, más férreamente se combaten entre ellas.

Quizá habría que comprender que terminó convirtiéndose al islam y practicando el sufismo. En esa corriente y en la cultura egipcia musulmana, él encontró la paz que siempre buscó hasta el final de sus días. Aunque es posible que terminara confundiendo sus propias creencias con lo que tenía que ser la verdad, y todo lo que se saliera de lo que él consideraba correcto, estaba errado. Igualmente, cayó en esa idea de que «cualquier tiempo pasado fue mejor». A veces, cuando se le lee, da la sensación de que era un poco pesimista, incluso algo depresivo. De suerte que encontró su línea en el sufismo, aunque él siguiera pensando que su camino, era el Camino.

Añadamos que ese tesofismo que tanto criticó, puede que sí ofrezca elementos para reconocer lo profundo y perenne de las tradiciones espirituales. Eso lo decimos por el hecho de que en España, gracias a los teósofos que se iniciaron en la masonería, se pudieron descubrir y dar a conocer los elementos tradicionales, esotéricos e iniciáticos de esa Orden[11]. Por lo demás, la Sociedad Teosófica jamás entró en polémica por las críticas que este escritor francés le hizo, lo cual pone a esta sociedad en un buen lugar, al menos en lo que a talante y educación se refiere.

En cualquier caso, no deja de ser curioso que en lengua castellana se conozcan por primera vez los textos de René Guénon en una publicación católica, concretamente en escritos contra la Sociedad Teosófica y la masonería.

---

[11] SUÁREZ DORTA, David – *Historia del esoterismo en España* (ver capítulo dedicado a la masonería)– Ed. Almuzara.

LA ANTITEOSOFÍA: CATOLICISMO, GUÉNON
Y LOS TRADICIONALISTAS

Por otro lado, con tanta campaña antiteosófica, es de entender que cuando llegó la guerra civil y luego la dictadura, a esta se la proscribiera, se clausuraran sus centros, se incautaran sus bienes y varios de sus miembros fueran encarcelados, alguno incluso fusilado. Otros se exiliaron. De los que quedaron, si bien no tuvieron una excesiva labor como teósofos, pudieron vivir, aunque ocultando su filiación, por miedo a la represión.

DELFOS

Ediciones de Sabiduría Ancestral

LA
TABLA ESMERALDA
DE HERMES

Textos, visión y comentarios

Max Heindel

MISTERIOS
DE LAS
GRANDES ÓPERAS

*Fausto, Parsifal,
El anillo del nibelungo,
Tannhäuser, Lohengrin*

Jean Pierre Gindroff de García Bacheteco

POR LA ROSA ROJA
Y LA CRUZ DE ORO

*Alquimia, hermetismo
y órdenes iniciáticas*

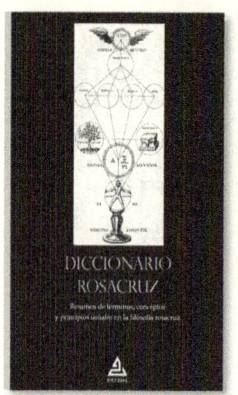

DICCIONARIO
ROSACRUZ

*Resumen de términos, conceptos
y principios usuales en la filosofía rosacruz*

Max Heindel

CRISTIANISMO
ROSACRUZ

*Historia, visión esotérica
del cristianismo*

EL
LIBRO
DE LA
LEY

Aleister
Crowley

Tres Iniciados
EL KYBALION

*Los misterios de
Hermes*

EL
LIBRO
DE
ENOC

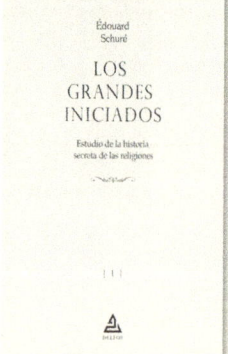

Édouard
Schuré

LOS
GRANDES
INICIADOS

*Estudio de la historia
secreta de las religiones*

111

NÚMEROS Y TEMAS ANTERIORES

(todos disponibles a la venta en papel y en formato digital)

Este número de la revista
C U L T U R A   M A S Ó N I C A
terminó de componerse en las colecciones
de la editorial MASONICA® en el día
24 de junio del año 2024.